FERRET 1975

ESSAI SUR L'HISTOIRE

DE LA

JUSTICE CRIMINELLE

A BORDEAUX

PENDANT LE MOYEN AGE

(du XII° au XVI° siècle)

DISCOURS DE RENTRÉE

Prononcé à l'ouverture des Conférences de l'Ordre des Avocats de Bordeaux

le 5 janvier 1857

Par E.-Henry BROCHON fils

Avocat à la Cour impériale.

BORDEAUX

IMPRIMERIE GÉNÉRALE DE M°° CRUGY, RUE ET HOTEL SAINT-SIMÉON, 16

1857

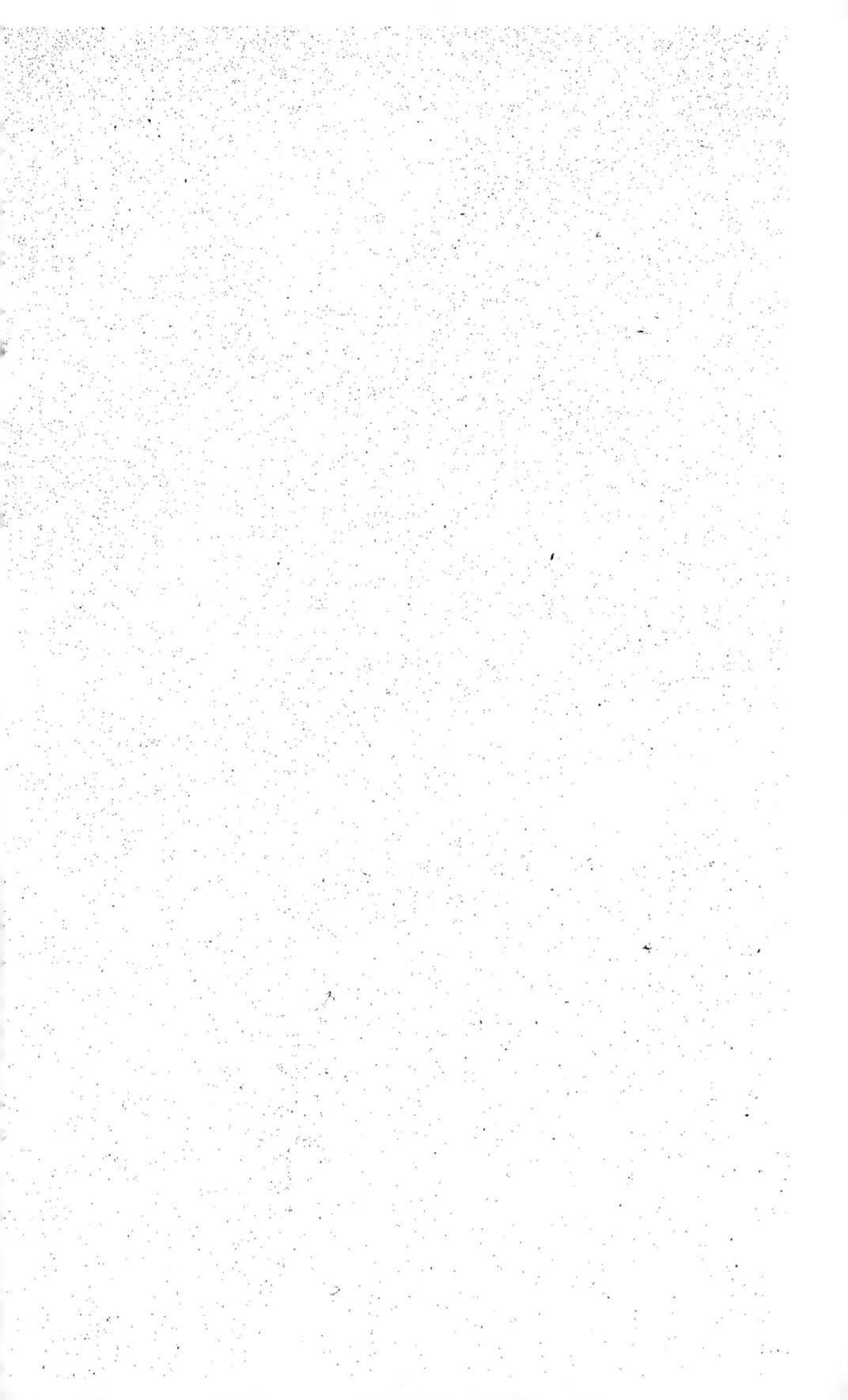

ESSAI SUR L'HISTOIRE

DE LA

JUSTICE CRIMINELLE

A BORDEAUX

PENDANT LE MOYEN AGE

(du XIIᵉ au XVIᵉ siècle)

DISCOURS DE RENTRÉE

Prononcé à l'ouverture des Conférences de l'Ordre des Avocats de Bordeaux

le 5 janvier 1857

Par E.-HENRY BROCHON FILS

Avocat à la Cour impériale.

BORDEAUX

IMPRIMERIE GÉNÉRALE DE Mᵐᵉ CRUGY, RUE ET HOTEL SAINT-SIMÉON, 16.

1857

C.

ESSAI

SUR

L'HISTOIRE DE LA JUSTICE CRIMINELLE

A BORDEAUX

PENDANT LE MOYEN AGE.

—o-o-o—

MESSIEURS,

Un des professeurs les plus distingués que l'enseignement du Droit ait révélé à la France écrivait, en 1835, en tête de ses *Leçons sur le Code pénal*, que « l'étude et la connaissance de l'ancien » Droit criminel, intéressantes peut-être pour le moraliste ou même » pour l'historien, importaient assez peu à l'intelligence et à l'ap-» plication pratique de notre Droit actuel (1)*. »

Nous ne saurions être de l'avis de Boitard.

Comme la Philosophie, comme l'Histoire, la science du Droit ne peut que s'enrichir de ces études rétrospectives.

Étudier le passé n'est point, en effet, remonter froidement le cours des choses, ou détacher du grand livre des siècles quelque page à demi effacée, pour en rappeler le sens oublié déjà. — C'est une tâche plus féconde. — C'est étudier, à travers les temps, l'homme dans son œuvre, et l'œuvre dans le milieu où elle s'est accomplie ; c'est rechercher chacune des traces que l'humanité a laissées em-preintes sur la poudre des âges, en marchant en avant dans la voie de progrès qui lui a été tracée. — Dans l'ordre moral, comme dans l'ordre physique, chaque jour du passé a élaboré en silence le pré-sent. — Étudier le passé, c'est donc « surprendre tout déve-

---

* V., pour les renvois, aux NOTES et TEXTES.

» loppement humain dans son germe obscur, dans sa semence ca-
» chée (1) »; — c'est, suivant la poétique image de M. Michelet,
« se tourner vers les monuments qui sont derrière nous, pour voir
» blanchir à leur cime les premières lueurs de l'avenir (2). »

Aussi, depuis cette époque où Boitard disait ainsi son dédain de
professeur pour l'histoire du Droit pénal, tous les auteurs contemporains sont entrés avec zèle, quelques-uns avec leurs hautes qua-
lités de synthèse et d'assimilation, dans le courant de ces études
historiques qui sont et resteront l'honneur de notre siècle. —
M. Faustin-Hélie, dans la belle Introduction de son *Traité d'instruction criminelle;* M. Ortolan, dans quelques publications marquées au coin de son talent généralisateur (3); plus récemment,
enfin, M. Bertauld, dans un ouvrage plein d'idées et de faits (4);
d'autres encore, et des plus habiles, ont montré toute l'importance qu'ils attachaient à la connaissance des anciennes périodes de
notre Droit pénal.

Vous me permettrez, Messieurs, de suivre un exemple qui me
vient de si haut, et de demander à l'histoire de notre ancien Droit
criminel le sujet de cet entretien.

Dans un temps où l'étude des origines de la loi pénale, étude jadis
réfugiée au sein de la patiente Allemagne, tend à conquérir chaque
jour davantage, dans la science, la place qui doit lui revenir, peut-
être, Messieurs, ne vous paraîtra-t-il pas inutile d'essayer, pour
notre histoire locale et dans des limites moins étendues, ce travail
qu'un magistrat illustre donnait, il y a quelques années, pour la
France tout entière, quand, avec cette fermeté et cette largeur de
touche qui font les grands maîtres, M. le procureur général Dupin
traçait, devant la Cour de cassation réunie en audience solennelle
de rentrée, le vaste tableau des développements successifs de notre
législation criminelle depuis les temps les plus reculés jusqu'à nos
jours (5).

I.

Quoique restreint dans les bornes de notre histoire bordelaise, ce
travail, pour être complet, excéderait encore et mes forces et votre
attention. Je ne m'arrêterai donc pas à ces temps reculés qui com-

mencent, au VI⁰ siècle, avec la domination franque, et finissent, en l'année 1152, le jour où l'Aquitaine devint anglaise.

Clovis, qu'une victoire avait fait chrétien par les mains de saint Rémy, et qu'une autre victoire faisait consul par les mains d'Anastase, Clovis entre à Bordeaux (1), triomphant de la gloire de Vouillé et maître de l'Aquitaine.

Sous sa framée, des éléments divers et confus palpitent au sein d'une société qui n'est pas née encore. — Tout est chaos alors. — L'élément germanique et l'élément romain se heurtent à chaque pas. — Le Franck s'asseoit insolemment, dans le sénat bordelais, à la place qu'occupèrent Ausone et Paulin. — La loi salique, qui a pour elle l'avenir, s'entre-choque bizarrement avec les *Compilations de Justinien* qui défendent le passé (2); — et tandis que, dans le nord des Gaules, la loi bourguignonne résiste à toute fusion, le clergé asseoit déjà les bases de ce *corpus canonum*, de ce code de l'Église gallicane, que Louis XIV fera plus tard réimprimer (3).

A Bordeaux alors, dans cette ville où Tétricus prit autrefois la pourpre impériale (4), où l'Empire chercha ses préfets, et les Césars leurs consuls (5), les idées du Droit salien et du Droit romain coexistent pêle-mêle; les Ducs et les Comtes féodaux dominent à côté des *curiales* et des *arhimens* de la cité (6); la loi romaine, forte et vivace, résiste malgré la défaite. — Elle se transforme sans s'anéantir; le fer gaulois, qui la brise, s'émousse sur son marbre séculaire, et pourtant, si haut qu'il puisse monter, le Bordelais romain ne vaut jamais que la moitié d'un guerrier franck (7).

Dans cette période obscure et pleine de tiraillements, on chercherait vainement l'unité des sources législatives. Cette unité, comme l'unité nationale, sera l'œuvre de l'avenir; — « elle résultera du travail des siècles (8). » — Quand le jour sera venu où la loi, le sol, la société seront français, ce jour nous nous souviendrons que nos Codes, comme nos aïeux, sont d'origine illustre, mais variée.

Ce qui domine pourtant les idées particulières à chacun des éléments de cette première période, c'est l'idée générale de la *vengeance individuelle*. Pour l'individu barbare, comme pour les peuples barbares, la loi naturelle est la loi du plus fort. — Ce n'est pas la Justice qui porte le glaive pour tous, — c'est chaque homme qui le porte pour son compte. — Le glaive, c'est le grand juge de tous les procès. — L'individu se venge sans songer que la société, au sein de laquelle il soutient son droit, puisse avoir quelque intérêt à se mêler de la querelle.

Au fur et à mesure pourtant que l'idée religieuse (1) adoucit les mœurs publiques, le système des *compositions* entre en lutte avec le système de la vengeance individuelle, en substituant au droit de mort contre l'offensé le devoir de l'amende au profit de l'offenseur (2). La *composition* rend chaque jour plus rare le combat individuel, mais l'idée de vengeance sociale ne s'est pas encore fait sa place. Si on en trouve déjà quelques vestiges, ce n'est guère que vers la fin de cette antique période (3).

II.

Arrivons donc en toute hâte à l'ère féodale, qui commence, pour Bordeaux, avec la domination anglaise, et finit avec elle, après trois siècles de splendeurs; — ère curieuse, brillante, où tout est attrait pour l'historien et pour le légiste, depuis le jour où un mariage singulier unit au blason d'Aliénor d'Aquitaine les léopards d'Henri Plantagenet, jusqu'au jour où Talbot mourait vaillamment dans la plaine de Castillon, et où Charles VII, maître enfin de la Guyenne, conférait la dignité de maire de Bordeaux à Jean Bureau, ce bourgeois héroïque qu'il avait fait grand-maître de son artillerie.

L'étude juridique de cette période sera particulièrement l'objet du travail que j'ai, Messieurs, l'insigne honneur de soumettre aujourd'hui à votre confraternelle indulgence.

Quelles idées philosophiques semblent avoir dominé le Droit criminel pendant ces trois siècles? Par quelles manifestations principales ces idées se sont-elles révélées? Quels étaient les pouvoirs juridiques chargés de les mettre en œuvre et de les faire respecter de tous?

Telles sont les questions dont nous allons rechercher ensemble la solution; mais, d'abord, permettez-moi de jeter un coup d'œil rapide sur l'histoire de ces temps féodaux.

Il faut le reconnaître, — car c'est de l'histoire, — le Bordeaux du moyen âge, commerçant, prospère, riche, fut l'œuvre des Anglais. — Sous les rois des deux premières races, Bordeaux était toujours la ville conquise (4). Pour les souverains de l'Angleterre, Bordeaux était un précieux établissement sur la côte de France, une ville où la vie était facile, où le soleil radieux faisait

mûrir des vignobles dès longtemps fameux (1). — Pour les Plantagenets, la Guyenne était à la fois la richesse et la joie du présent,
l'espoir de l'avenir.

Le Bordeaux des Gaulois avait peine à vivre. — Le peuple, écrasé
d'impôts, souffrait et se taisait par peur. Çà et là quelques séditions
éclataient par les rues, séditions qui s'étonnaient elles-mêmes de
leur audace, et attendaient le supplice. — Quelques collecteurs
étaient assassinés ; — le gibet disait son mot redoutable, — et tout
était fini. Sans doute, les Mérovingiens d'Aquitaine avaient jeté
quelque éclat (2) ; mais les Sarrasins avaient, en un seul jour, détruit la puissance d'Eudes (3) ; mais le duc Waïfer devait tomber
bientôt sous le poignard de Pepin (4) ; mais les Normands étaient
venus (5), et la ville n'avait plus été qu'un monceau de ruines ! —
Telle était alors la désolation dans Bordeaux, que l'archevêque
Frotaire avait dû l'abandonner, parce que, disait-il au pape
Jean VIII, « les barbares avaient détruit ou dispersé tout son
troupeau (6). »

Aussi, au XIIᵉ siècle, la ville se ressentait encore de sa misère
passée ; son commerce n'avait pas pris son essor ; Bordeaux ne fa-
briquait plus ces épées jadis fameuses, recherchées des Sarrasins (7).
Il n'exportait guère au delà de la Loire les résines de ses landes et
les vins de ses coteaux. Les marchands syriens et juifs qui habitaient
le Mont-Judaïc (8) auraient pu beaucoup pour sa prospérité ; — la
haine du peuple et le mépris du juge les tenaient à l'écart.

Sous le tutélaire patronage d'Aliénor (9), Bordeaux entre dans
une ère nouvelle. L'ordonnance de cette princesse assure au commerce sa prospérité future (10). La cour élégante où elle oublie, dans
les fêtes et les plaisirs, les dédains de son royal époux, transfor-
ment la ville en une véritable capitale (11). Sans doute, la guerre et
la révolte font encore couler bien du sang, mais le ciel semble protéger l'Anglais. Saint Louis cherche en vain à reprendre la ville à
l'étranger. Le soleil se fait l'allié des Plantagenets, et les Français
expient un succès, en mourant sans gloire au milieu de landes pes-
tiférées (12). — Le gantelet de Simon de Montfort a beau peser lour-
dement sur la cité (13), l'Aquitaine songe en vain à se donner au roi
de Castille. Édouard se fait l'ami du pauvre peuple ; il révise, au
profit de la justice, les anciens Statuts de la ville, et la ville recon-
naissante lui donne la mairie (14), cette suprématie bourgeoise, cette
maîtrise dans le droit de cité, objet de la constante ambition des
rois d'Angleterre. — En vain le clergé, qui trouve de robustes ad-

versaires dans les sénéchaux d'Angleterre, lutte sourdement contre leur prépondérance; — en vain Philippe le Hardi, qui a l'orgueil d'un suzerain et l'énergie d'une volonté habile, cherche ouvertement à compromettre l'autorité d'Édouard : — Bordeaux reste fidèle au prince qui l'a faite la métropole de la Gascogne. La ville lui pardonne les torts de ses baillis; elle l'aime, et ne sait qu'exécuter aveuglément ses ordres. C'est qu'Édouard tenait à Bordeaux de si belles assemblées, de si beaux *parlements* avec les ambassadeurs de l'Aragon, de la Sicile et de l'Espagne (1) !.... Aussi, à la fin de ce XIIIᵉ siècle, qui est l'ère de la féodalité, un roi de France pouvait-il se plaindre à son vassal d'Angleterre que des Normands établis à Bordeaux avaient été tués sur la place publique pour avoir parlé français (2); aussi, quand Philippe le Bel se fut emparé, par mesure féodale, du château de la ville (3), la plaine marécageuse de Bègles vit-elle les troupes françaises se retirer devant le pennon des Anglais (4); aussi, à la fin de cette première moitié de la période anglaise, la Guyenne, qu'une princesse française avait portée en dot à l'Angleterre, lui était-elle donnée une seconde fois par la médiation d'un pape (5).

Déjà, à cette époque, Bordeaux s'est immensément ressenti de l'influence heureuse et civilisatrice des Plantagenets. Sans doute, les vignes et les marais, les ruisseaux et les prairies (6) occupent encore bien de la place dans la cité. Mais elle a déjà crevé la ceinture de vieux murs dont elle s'était entourée au Xᵉ siècle avec les ruines que lui avait laissées le sanglant passage des Normands (7). Henri III a utilisé le lest de ses navires en donnant à la ville une enceinte plus vaste et mieux fortifiée (8). Les tours de Saint-Éloi se sont élevées; et le soir, du haut de leur faîte, les trompettes de la ville sonnent l'heure de la retraite (9). Entre la maison féodale des hospitaliers de Saint-Jean de Jérusalem, vêtus tout de noir (10), et le couvent des Sachets (11), chaussés de sandales, s'élève, de toute la hauteur de sa magnifique voûte, « cette immense épopée de pierres » que nous nommons Saint-André (12). Ses pieds touchent aux murs ruinés de la cité gallo-romaine; mais elle a dépouillé sa roideur lourde et massive; — l'Anglais l'a faite imposante et svelte; — et aujourd'hui encore l'archéologue peut voir, dans quelques modillons romans oubliés par le vandalisme moderne, la figure d'Aliénor, au front ceint du diadème ducal, — la tête d'Henri Plantagenet, sous le casque que surmontera plus tard la couronne d'Angleterre. Géraud de Malemort a déjà préparé la cathédrale à recevoir sa parure ogivale;

il a déjà groupé ces faisceaux de colonnes qui s'élancent, « au milieu de la plus large nef du monde, du sein d'une décoration romane (1). » Plus loin, Saint-Seurin, sous son beffroi tout meurtri par la guerre, peuple son portique de ses pieuses statues (2). Près du fleuve, le château de l'Ombrière étale, au milieu de ses ormes séculaires et de ses prairies plantées de houx verdoyants, sa stature carrée et ses flancs crénelés (3). Au dedans, une forte organisation municipale, protégée par son passé romain ; une bourgeoisie-laborieuse, trouvant son appui sur des priviléges puissants et dans les garanties d'une propriété allodiale (4) ; un commerce chaque jour plus étendu ; une protection efficace, assurant à la ville le concours utile des marchands juifs (5) ; une marine habituée aux dangers de la pêche, et à laquelle le savant Alphonse de Castille vient demander ses plus habiles matelots ; — tout cela, c'est l'œuvre des Anglais. — Cent cinquante ans leur ont suffi. — Le XIVᵉ siècle commence à peine !

C'est au seuil de ce XIVᵉ siècle que remonte probablement le monument très-remarquable qui résume le Droit pénal de cette première période anglaise. Je veux parler des *anciennes Coutumes de la ville de Bordeaux.*

C'est là que nous allons puiser les documents nécessaires à cette étude juridique.

III.

Les anciennes Coutumes de Bordeaux, LAS COUSTUMAS DE LA VILA DE BORDEÜ (6), sont écrites, leur titre l'indique, en langue romane, non point en la pure langue des troubadours (7), mais en un dialecte plus rapproché du parler moderne de nos paysans (8). Ce dialecte, dont l'usage paraît s'être conservé, à Bordeaux, jusque vers le milieu du XVᵉ siècle, était si bien alors la langue exclusive du pays, qu'un archevêque se faisait traduire en latin le pacte d'un roi de France (9), et cela longtemps après la prose de Ville-Hardouin, après même que, plus souple et plus familière, cette prose française était descendue « avec grâce à la bonhomie conteuse, à la naïveté touchante du sire de Joinville (10). »

Les *anciennes Coutumes* se composent de 242 articles. Sur ce nombre, 68 sont relatifs à l'administration de la justice criminelle (11) ; quelques autres s'y rapportent indirectement.

Sans lien entre eux, ajoutés sans ordre à la suite les uns des autres, divers par leur date comme par leur sujet, ces articles méritent pourtant un sérieux examen. — Ils ont été la loi d'un passé curieux ; — ils ont asservi à leur règle l'homme perdu dans l'obscure impersonnalité du moyen âge. — Nous y retrouverons encore nettement la physionomie juridique de ces siècles dont on a pu dire : « Ils ont sué la sueur et le sang ; ils ont chassé l'Anglais ; ils nous » ont fait la France (1). »

Et, d'abord, quelles juridictions particulières, quels tribunaux spéciaux se divisaient alors le pouvoir judiciaire ?

Quatre juges distincts se trouvent indiqués dans nos Coutumes. — Ce sont : 1° le Prévôt de la ville, qu'on trouve désigné tantôt sous le nom de Prévôt de Bordeaux, tantôt sous celui de Prévôt de Saint-Éloi (2) ; — 2° le Maire, président du tribunal de la commune, appelé la Cour de Saint-Éloi, et composé de la Jurade (3) ; — le Maire avait sous ses ordres un Sous-Maire, quelquefois aussi nommé son lieutenant ; — 3° le Prévôt de l'Ombrière (4), magistrat spécial, tenant ses assises sous les arbres du château de l'Ombrière ; — 4° le Sénéchal de Bordeaux ou de Gascogne (5), appelé souvent Châtelain ou Juge des appels, qui tenait au château de Bordeaux une cour solennelle, composée de plusieurs conseillers ou gens de loi.

Le Prévôt de Bordeaux, comme le Maire, connaissait de toutes les affaires ou contestations des bourgeois ou habitants de la ville et de la banlieue, tant civiles et criminelles que féodales. — Le Prévôt était donc, à proprement parler, le Juge de la commune ; aussi était-ce d'habitude un jurat qui était élevé à cette dignité (6). Elle se perpétua, suivant la *Chronique* de d'Arnal, jusque vers le milieu du XVIe siècle.

Le Maire, c'est-à-dire la Cour de Saint-Éloi, avait la même juridiction ; — mais le Prévôt était le juge en premier ressort, et le maire, le juge de l'appel (7). — Il s'entourait, pour rendre ses décisions, d'un conseil de prud'hommes et de savants ou jurisconsultes qui l'éclairaient de leurs lumières.

Ces deux premiers juges, le Prévôt de Saint-Éloi et le Maire, constituaient la magistrature locale, celle qui représentait dans la justice l'élément bourgeois. — Corps à la fois judiciaire et politique, la jurade appliquait la loi aux citoyens de qui elle tenait sa charge ; — elle était en même temps l'ardent dépositaire des franchises et priviléges de la cité : — à les défendre, elle mettra un zèle qui ne reculera pas même devant la sédition armée !

Le Prévôt de l'Ombrière et le Sénéchal de Bordeaux sont, au contraire, les représentants de la justice royale.

Le Prévôt, qui, suivant un édit de la fin du XIIIᵉ siècle, exerce sa juridiction « entre les estrangers complaignants, venants de plus loin que la banlieue de la ville (1) », connaît aussi, mais en premier ressort, des cas royaux (2). — Aux termes d'un manuscrit, postérieur, il est vrai, à la période dont nous nous occupons, mais qui peut cependant trouver ici son application, le Prévôt devait juger très-sommairement, et n'avait guère pour rendre son jugement que l'intervalle de trois marées (3).

Enfin le Sénéchal ou Châtelain, magistrat directement émané du pouvoir royal, jugeait, en dernier ressort, des affaires et de la compétence du maire, et de celle du prévôt de l'Ombrière (4), dont la juridiction devait même être absorbée plus tard dans la sénéchaussée de Bordeaux.

Au-dessous et en dehors de ces quatre tribunaux, dans l'enceinte de la famille, la loi reconnaissait un juge naturel, le mari. — La femme, placée sous le joug de la juridiction maritale, avait seulement la faculté de faire appel au Maire, et du Maire au Sénéchal. Comme dans notre loi moderne, où la femme marchande est réputée émancipée pour les faits de son commerce, nos anciennes Coutumes déclaraient que toutefois la femme marchande n'était pas justiciable de son mari, mais uniquement du Maire (5).

Près des juges communaux et royaux (6), le Juge ecclésiastique et le Juge féodal dominent en maîtres sur leurs sujets; prêtres et barons ont leurs tribunaux. Dieu merci, nous n'avons pas à nous étendre sur cette multitude de juridictions spéciales et personnelles. Il nous suffira de dire que, comme l'appel de la femme contre le mari, l'appel du serf contre son seigneur était porté au Maire, et du Maire au Châtelain (7).

En nous restreignant dans les limites de la compétence du Prévôt de Saint-Éloi et du Maire, recherchons quels faits punissables leur étaient déférés? — par quelles voies la répression en était poursuivie et obtenue? — enfin, quelles peines étaient infligées aux coupables?

Notre ancienne loi pénale ne distingue pas entre les crimes et les délits, non plus qu'entre les délits et les contraventions; — elle ne distingue pas davantage, suivant que le fait porte atteinte à la chose publique ou aux particuliers; — elle se borne uniquement à une confuse énumération.

En essayant de diviser, suivant le mobile de leur répression, les crimes ou délits principaux mentionnés dans nos anciennes Coutumes, on pourrait peut-être dire que la loi venge tantôt le pouvoir divin, tantôt le pouvoir royal, et tantôt l'individu.

L'idée de vengeance divine paraît s'être fait jour dans quatre cas particuliers, — en matière : 1º de sorcellerie (1) et de magie (2) ; 2º de violation de sépultures ou de lieux saints (3) ; 3º de tentative de suicide (4) ; et 4º d'hérésie ou d'apostasie (5).

La peine capitale était prononcée contre ces crimes (6). — Les coupables étaient d'ordinaire traînés et pendus.

M. Bertauld, contrairement à l'opinion que nous venons d'émettre, ne pense point qu'il faille voir dans la répression de ces attentats la manifestation de l'idée de *vengeance divine*. Suivant cet estimable auteur, si la magie et le blasphème sont punis, c'est qu'ils constituent des atteintes extérieures à la religion et apportent un trouble à l'ordre social. A ce trouble, la peine appliquée est purement sociale. La Justice prête son appui au clergé pour suppléer, par son glaive, à l'insuffisance des peines spirituelles ; mais il n'y a pas encore là l'idée de la vengeance divine. La Loi sociale n'a pas entrepris de son chef, avec la pénalité pour instrument, une œuvre de prosélytisme. Le Droit ne va pas jusqu'à violenter les consciences. Ce ne sera qu'en plein XVIᵉ siècle que l'idée de vengeance divine s'asseoira dans le Droit pénal en même temps que l'idée d'intimidation (7).

Ces observations ont bien quelque poids ; mais il ne faudrait pas les prendre à la lettre.

Sans doute, dans nos anciennes Coutumes, l'idée de vengeance divine n'existe pas encore comme théorie au profit de l'unité religieuse ; mais elle existe comme sentiment. — Déjà, dans certaines incriminations, ce n'est plus l'individu, ce n'est pas la société, c'est bien la Divinité qui est vengée.

On peut en dire de même de cette idée *d'intimidation* qui, suivant quelques-uns, ne se trouverait dans le Droit pénal que vers l'époque des Ordonnances (8). C'est encore là une opinion trop absolue.

Plus d'une fois, en effet, dans notre ancien Droit criminel, la peine est édictée autant pour l'exemple que pour le châtiment (9).

C'est ce dont on acquiert la preuve, en voyant quelle pénalité frappait les crimes contre le pouvoir royal, — et sous ce terme, il faut comprendre le roi, le seigneur et la commune (10).

Le crime de lèse-majesté, — qu'il porte atteinte au roi — (trahison, révolte, fausse-monnaie, contrefaçon du sceau royal) (1) ; — qu'il porte atteinte au seigneur — (rapt, vol, coups et blessures, trouble et usurpation de juridiction) (2), — note le coupable d'infamie et le rend à jamais incapable de tout office. — L'enfant lui-même portait alors le péché du père et de la mère (3).

Le crime contre la cité (4) fait perdre à son auteur toutes franchises et libertés.

Mais où l'idée d'intimidation se montre le mieux, c'est dans la peine qui est prononcée en matière de faux contre les notaires ou cartulaires. Non seulement le dernier supplice attend le coupable, mais ses descendants, jusques et y compris la troisième génération, sont déclarés indignes de tenir office de la ville. — Bien plus : celui-là même à l'instigation de qui le notaire a agi, est banni à perpétuité, et ni son fils ni son petit-fils ne peuvent être investis d'aucune charge publique (5).

Nous le demandons : cette peine, ainsi appliquée à des enfants, à des arrière-petits-enfants, innocents du crime de leur père, comment l'expliquer sinon par l'unique désir de l'intimidation ?

Restent les crimes contre l'individu.

Il faut les distinguer suivant qu'ils l'atteignent dans son corps ou dans ses biens.

Parmi les crimes contre les personnes, notre loi pénale punissait les coups et blessures, le meurtre et l'assassinat, l'empoisonnement, le rapt et le viol, l'adultère et l'injure.

Parmi les crimes contre les biens, le vol, l'incendie, la violation de domicile et les dommages causés aux champs, étaient prévus et punis de peines spéciales.

Passons rapidement en revue les dispositions pénales relatives à chacun de ces faits punissables.

Les coups et blessures jouent un grand rôle dans les Coutumes (6) ; — on le conçoit facilement. — Au XIVᵉ siècle, les colères devaient être violentes, les luttes acharnées, la main prompte à frapper. — A Bordeaux, alors, les nuits étaient obscures, les rues désertes, les tavernes éloignées. — Le fer et le bâton intervenaient dans toutes les querelles. — Étrangers et bourgeois se rudoyaient fort ; — les femmes elles-mêmes s'en mêlaient, et d'une vigoureuse façon ; — l'art. 39 de la Coutume leur défendait de tirer « couteau, épée, ou fer émoulu (7). »

En matière de coups et blessures, le juge devait distinguer si le coupable était un bourgeois ou un étranger, et, au cas où il était de la ville, si le plaignant était lui-même étranger ou bourgeois.

Entre bourgeois, l'amende encourue était de 65 sous. — Cette amende était plus considérable suivant l'arme employée (1). Les circonstances aggravantes n'étaient pas tirées de la nature de la partie du corps où le coup avait été porté (2), mais uniquement de la qualité des personnes et de la gravité des blessures.

On voyait aussi une circonstance aggravante dans celle où le fait se serait produit la nuit (3), cas où la peine était double.

Dans tous les cas, des dommages-intérêts pouvaient être accordés au plaignant (4).

Si les blessures avaient amené la perte complète d'un membre, la peine du talion était encourue; s'il n'y avait que privation de l'usage d'un membre pour le plaignant, le coupable était à la merci du Maire, qui prononçait contre lui telle amende et tels dommages-intérêts qu'il jugeait convenables (5).

Toutes les fois que le Maire avait à déterminer le chiffre de la ré-paration civile, il devait prendre en considération l'état et la réputation des personnes. Le coupable payait, en outre, au plaignant ses journées, s'il était ouvrier, et devait toujours l'indemniser de tous les frais de son traitement (6).

Enfin, si le plaignant demandait une *sûreté,* elle devait lui être accordée (7).

Quand le plaignant était un étranger et le coupable un bourgeois, si celui-ci ne payait pas d'amende, il était mis au pilori. — Outre la peine pécuniaire, il devait, d'ailleurs, faire amende honorable à sa victime devant le Maire (8).

Si le coupable était un étranger et le plaignant un bourgeois, l'amende, au lieu d'être ordinaire comme dans le cas précédent, était double (9).

Le meurtre et l'assassinat, confondus sous la même dénomination, étaient punis des peines les plus sévères. L'art. 21 des anciennes Coutumes nous apprend que celui qui avait donné la mort devait être enterré sous le corps de sa victime, et que, si le cadavre avait déjà été inhumé, le meurtrier devait être pendu et ses biens confisqués (10).

L'empoisonnement, eu égard à ce qu'il avait de secret et de mystérieux, étant réputé par cela même un crime particulièrement horrible, était puni de la peine du feu (11). L'empoisonneur était brûlé avec le poison, et ses biens confisqués.

Le rapt et le viol (1) étaient punis de la peine de mort. — Si la femme (2) enlevée ou violée habitait, à un autre titre que comme domestique, chez le seigneur, le coupable devait être décapité (3).

Lorsqu'un truand (4) volait un enfant pour l'estropier et gagner ainsi quelque aumône, il était traîné à la queue d'un cheval et pendu.

La peine de l'adultère était purement infamante. Les coupables étaient condamnés à courir la ville, aux huées de la populace (5).

Le procès d'un sieur Bosquet et d'une Anglaise, procès que rapporte l'art. 170 et qui remonte à l'année 1289, est curieux à plus d'un titre, et parce qu'il tend à déterminer les conditions du flagrant délit, et parce qu'il soulève la question de savoir s'il était suffisamment établi par l'unique déposition d'un jurat (6).

L'injure n'était, en principe, punissable que si l'insulteur avait attaqué la commune ou le seigneur (7). Entre bourgeois, le seul délit par paroles qui paraisse avoir compromis son auteur, est l'injure dont se rendait coupable celui qui reprochait à un autre la peine qu'il avait encourue. — Le délinquant était passible de 15 sous d'amende, et de 5 sous de dommages-intérêts vis-à-vis de la partie lésée (8).

Nous arrivons ainsi aux crimes contre les biens.

En matière de vol, la Coutume, à côté d'idées fort singulières sur certaines circonstances du délit, a émis de très-sages prescriptions quant à la restitution des objets volés.

Il est, par exemple, curieux de voir que l'on ne pouvait se plaindre d'avoir été volé durant le jour, autrement que *par force et malgré soi* (9). — Il est également remarquable que si le pilori était seulement prononcé contre un coupable sans antécédents judiciaires, le récidiviste était condamné à perdre une oreille, ce qui le signalait pour toujours à la légitime suspicion des honnêtes gens. Du reste, si le voleur était incorrigible, et s'il se faisait reprendre en faute une troisième fois, il était pendu (10).

Tout ce que le voleur pouvait avoir sur lui au moment de son arrestation, était attribué à celui qui l'avait arrêté, à moins que le propriétaire ne se présentât devant le Maire, et ne fît, par enquête ou loyaux documents, la preuve de son droit (11); si le voleur s'était dessaisi de la chose volée, celui qui l'avait acquise devait la rendre purement et simplement; si pourtant il établissait qu'il l'avait achetée au marché ou en foire, le prix lui en était restitué (12); si même il pouvait indiquer son vendeur, il n'avait plus rien à payer;

seul, alors, le voleur supportait le préjudice. — Du reste, si le détenteur de la chose volée, ayant connaissance de son vendeur, refusait de le nommer à la justice, il était convaincu de complicité (1).

On s'étonne vraiment de trouver, au milieu des bizarreries de la Coutume, des idées aussi modernes. Mais c'est que là nous sommes placés sur un véritable terrain de droit civil, et que l'antique sagesse romaine y a conservé sa prépondérance.

L'incendie, s'il était commis le jour, ne donnait lieu, ce qui est fort singulier, qu'à une peine pécuniaire. — L'amende était de 65 sous, juste comme pour un coup ordinaire. — A défaut de paiement, l'incendiaire n'était pas même condamné au pilori : — l'emprisonnement paraissait suffisant. — La peine de mort était réservée pour l'incendie commis la nuit (2).

La violation de domicile entraînait la perte de toutes franchises et priviléges (3).

Enfin, les dommages causés aux champs par le fait de l'homme ou des animaux étaient punis d'une peine purement pécuniaire (4).

Telles sont les principales dispositions de la loi pénale à Bordeaux au commencement du XIVᵉ siècle.

On le voit, nous sommes loin déjà de l'époque où le duel judiciaire était la règle (5) ; s'il existe encore, c'est dans des cas exceptionnels, qui se sont soustraits à l'envahissante suprématie du système des compositions. A l'époque que nous étudions maintenant, les états généraux viennent d'être convoqués : — la société s'est révélée déjà ; — aussi la poursuite d'office s'est introduite dans la loi. — Au Parlement de Paris, il y a un Procureur du roi, dépositaire de l'action publique. Les Procureurs seigneuriaux, les Promoteurs ecclésiastiques ont apparu. — La société s'est sentie intéressée à la répression des coupables qui troublent son sein. — A côté de l'idée de *vengeance divine*, qui existe en germe, l'idée de *vengeance publique* fait chaque jour sa place plus grande. — Même là où l'idée de vengeance individuelle semble encore régner seule, on sent que la société veille et qu'elle s'est émue de la lutte.

C'est ce qu'un coup d'œil jeté sur la procédure criminelle du moyen âge suffit à démontrer.

Si, en principe, le juge n'était saisi que par la plainte de l'offensé, dans quelques cas cependant la poursuite d'office se rencontre déjà dans notre Droit criminel. — On disait alors que le juge instruisait *per son offici* (6).

La plainte était recevable, quel que fût le coupable. Nul seigneur n'était à l'abri de la loi. Tous étaient personnes punissables comme les bourgeois. Ils pouvaient seulement, en donnant caution, s'affranchir de la prison préventive (1). Mais ils n'en passaient pas moins en jugement, et même ils étaient punis avec une sévérité particulière (2). Tout porte, d'ailleurs, à croire que les méfaits dont ils étaient accusés devaient être le plus souvent considérés comme cas royaux, et devenaient ainsi, la plupart du temps, de la compétence du Sénéchal.

A quel juge la plainte devait-elle être adressée, au juge du lieu du crime ou à celui du domicile de l'agent? L'art. 55 décide formellement la question dans le sens du principe de la compétence territoriale. « Le seigneur du lieu du crime n'est tenu, dit cet article, de rendre le coupable que si le seigneur du domicile offre de faire droit à tous les plaignants et intéressés (3). »

L'adoption, par nos Coutumes, dès le XIIIe siècle, de ce principe de la territorialité, est un fait très-intéressant et digne d'une sérieuse attention. C'est la preuve que déjà la justice n'est plus attachée à la propriété; que le lien de droit qui unissait, dans tous les cas, le justiciable au seigneur, a été rompu au profit de la vengeance sociale; — c'est la preuve que l'intérêt de la vengeance seigneuriale a été sacrifié à de précieux motifs de bonne justice et d'ordre public.

Une fois le juge saisi par la plainte ou d'office, son premier devoir était de s'assurer, par un emprisonnement préventif, de la personne de l'accusé. S'il était en fuite ou caché, celui-ci pouvait être contraint à venir *prendre droit*, même par la confiscation provisoire de ses biens (4). — Quand le crime n'emportait pas la peine capitale, le juge avait du reste la faculté d'accorder au prévenu sa liberté sous caution, en attendant le jugement (5). — Nous avons dit qu'en aucun cas, les barons ne pouvaient être détenus préventivement.

L'accusé prisonnier devenait personne sacrée. Celui qui lui donnait la mort, subissait sur le champ le dernier supplice (6).

Sitôt après l'emprisonnement (7) de l'accusé, l'instruction était commencée.

L'information par voie d'enquête était la procédure ordinaire (8).

Pour que l'enquête emportât contre le prévenu une déclaration de culpabilité, il fallait que, par deux témoins de bonne vie et mœurs, bourgeois de la commune et gens dignes de foi (9), la preuve du crime eût été faite devant le juge. — La règle *testis unus, testis nullus*, était absolument suivie.

2

Pour que les témoignages fussent probants, il fallait qu'ils se produisissent dans des conditions rigoureuses de certitude (1). Les femmes ne pouvaient, en aucun cas, déposer en justice (2) ; le seigneur ne pouvait jamais non plus prouver par son serf, parce que, disait la Coutume, on ne doit pas être juge et partie (3).

La formule du serment est restée inconnue. On sait seulement que les témoins juraient sur les reliques de saint Seurin, *sur le fort Sainct-Seurin* (4), pour parler comme au XIVᵉ siècle. Le faux témoignage était puni de la peine du fouet (5).

Quand l'information par voie d'enquête, sans aboutir à la preuve de la culpabilité de l'accusé, avait élevé pourtant contre lui des charges sérieuses, ou bien quand, eu égard à l'importance de l'affaire (6), le juge voulait épuiser tous les moyens d'arriver à la découverte de la vérité, l'interrogatoire d'abord et ensuite la question étaient ordonnés.

L'interrogatoire avait lieu devant le juge, et, en matière de meurtre, devant le cadavre déposé à l'Hôtel-de-Ville (7).

La question était ordonnée dans certains cas de vol, et quand il y avait eu mort d'homme. — Il n'apparaît point, malgré son nom de *torment*, qu'elle ait jamais présenté à Bordeaux la hideuse barbarie dont elle s'entourait ailleurs ; — « elle se donnait uniquement, » disent les frères Lamothe, en attachant les mains du criminel derrière son dos avec une corde qu'on élevait ensuite par le moyen » d'une poulie, plus ou moins haut, suivant la qualité du criminel ou » le genre du crime. » — En vertu des franchises de la ville, le bourgeois de Bordeaux devait seulement avoir les mains liées, mais sans perdre terre (8). La question, ordonnée contre une femme enceinte, ne pouvait lui être appliquée qu'un mois après sa délivrance (9).

En dehors de ces diverses procédures, la culpabilité du prévenu était encore suffisamment établie : 1º s'il avait été pris sur le fait ; — 2º s'il demeurait défaillant ; — 3º s'il confessait son crime devant le juge ou en champ clos ; — 4º s'il s'évadait de sa prison ; — 5º s'il était vaincu en duel judiciaire (10).

La présomption de culpabilité qu'entraînait le défaut, devenait certitude à partir du jugement. — Aucune voie d'opposition ne paraît avoir été admise par nos Coutumes (11).

Il y avait défaut, soit lorsque l'accusé, appelé trois fois à son de trompe par la ville, ne se présentait pas au jour indiqué, soit lorsqu'il se refusait à sortir de l'église ou *sauveté* dans laquelle il s'était réfugié (12).

Si l'accusé n'était dans aucun de ces cas, et si la procédure suivie contre lui n'avait pas abouti à sa condamnation, il fallait cependant qu'il se purgeât par serment en jurant sur le fort Saint-Seurin, ou même, dans quelques cas, en la forme la plus simple (1), qu'il n'était pas coupable du fait incriminé. C'était ce qui avait été décidé solennellement dans une affaire de meurtre, par arrêt du Châtelain de l'année 1238 (2). Cet usage singulier s'était probablement étendu à presque toutes les autres espèces de crimes, lorsque, par ordonnance du mois de juillet 1280 (3), Philippe le Hardi manda à son illustre cousin le roi d'Angleterre, duc d'Aquitaine, de veiller à ce que son lieutenant de Gascogne empêchât une coutume dont l'effet pouvait être que les juges s'en rapportassent trop souvent au serment libératoire de l'accusé.

Lorsque l'accusé était reconnu coupable, la sentence devait être sans délai exécutée contre lui.

Nous avons déjà vu que les peines étaient pécuniaires ou corporelles.

Les peines pécuniaires étaient l'amende ou composition qui variait entre 65 et 300 sous (4), et les dommages-intérêts payables à la partie lésée. — L'amende s'appliquait principalement en matière de coups et blessures simples, de dommages causés aux champs et d'incendie commis le jour. — La confiscation des biens, que l'art. 236 de la Coutume déclarait, comme la *commise*, impossible quant aux immeubles (5), paraît pourtant avoir été prononcée, à titre de peine pécuniaire, sur les meubles du condamné, aux cas de meurtre et de sortilége (6).

Les peines corporelles étaient : 1º la peine capitale, sous une quelconque de ses formes (7); 2º le talion ; 3º la perte de l'oreille ; 4º le bannissement à perpétuité ; 5º l'emprisonnement ; 6º la claie ; 7º le fouet ; et 8º le pilori.

La peine capitale était encourue, nous l'avons vu, dans un très-grand nombre de cas, soit comme peine nécessaire du crime, soit parce que le coupable méritait, eu égard à ses antécédents judiciaires, un châtiment particulièrement sévère. C'est ainsi que le voleur qui, pour une cause quelconque, avait déjà subi la perte d'une oreille, devait être pendu (8); de même aussi le mineur de quatorze ans, qui, d'habitude, ne pouvait être condamné qu'aux verges, était cependant mis à mort, si déjà il avait encouru le pilori, ou s'il avait eu l'oreille coupée (9).

Le condamné à mort devait, suivant un usage singulier et qui s'est conservé jusques à la Révolution (1), être présenté au Prévôt de l'Ombrière, « *a far ver justicia,* » disait la loi. — Puis il était livré au bourreau, appelé à Bordeaux, pendant toute la période anglaise, le roi des Arlots (2).

Les peines capitales les plus usitées étaient : 1° la pendaison, qui était de beaucoup la plus fréquente ; 2° la décapitation, particulièrement ordonnée dans certains cas de rapt ; 3° la noyade, dont les Coutumes ne nous citent qu'un exemple ; 4° le feu, qui punissait l'empoisonnement et aussi l'hérésie (3).

Nous ne reviendrons pas sur ce que nous avons dit de la peine du talion, ou de la perte de l'oreille (4).

Le bannissement était généralement encouru à perpétuité. — Le banni qui rentrait par fraude était condamné à mort. — Du reste, quand un bourgeois était inscrit sur le *registre des bannis*, registre tenu par le Maire et confié à un Jurat, on disait de lui qu'il avait été mis *au papier des morts*, et ses biens étaient exécutés comme s'il eût été réellement mis à mort par justice (5).

La détention était ordonnée dans des cas assez rares, mais toujours pour un temps considérable (6).

Le condamné à mort était d'habitude préalablement traîné dans les rues à la queue d'un cheval ou sur la claie (7).

Le fouet, ou plutôt les verges, ou les sangles, étaient notamment la peine de l'adultère, du faux témoignage, et de l'outrage au seigneur. Le bourgeois qui était condamné au fouet, courait la ville et recevait de temps en temps les verges de la main du bourreau (8).

Le pilori était ordonné dans un assez grand nombre de cas (9). Il notait le condamné d'infamie, et le rendait incapable de tout office de la ville ; — c'était également l'effet des peines du talion, du fouet et de la perte de l'oreille (10).

Tel est ce qu'on peut appeler, avec M. Dupin, l'arsenal des peines de notre ancien Code criminel (11). Ce luxe de mutilations et de supplices étonne et attriste tout à la fois. Et pourtant, chose étrange, non seulement la Coutume de Bordeaux était assurément l'une des plus humaines de la France, mais elle se montre moins raffinée dans ses barbaries que ne le sera plus tard, en plein XVIIe siècle, et malgré les splendeurs du règne de Louis XIV, l'Ordonnance de 1670 (12). — C'est alors, en effet, qu'on pourra se demander avec stupéfaction comment la loi criminelle seule a gardé toute sa férocité première ; comment, quand la philosophie ennoblit l'homme à ses propres yeux, le Droit pénal foule aux pieds toutes les libertés de l'individu; comment, quand la religion chrétienne enseigne, depuis seize siècles, au monde apaisé, les saints préceptes de la charité, la Justice, non contente de frapper le coupable, étreint sans merci le prévenu dans sa main toujours sanglante. — Mais, au XIVᵉ siècle, devons-nous être surpris de la déplorable fréquence de la peine capitale ou de son ingénieuse cruauté ? — Non ; car il faut bien le dire : — la vie humaine elle-même n'a, suivant les temps et les lieux, qu'une sorte de valeur de convention. — Là où, d'après toutes les probabilités, la mort naturelle doit seule en être le terme, on sent mieux tout le prix de la vie ; elle devient, par cela même qu'elle est bonne, chose sainte et sacrée pour tous. C'est pourquoi, à notre époque, au milieu du repos général, avec nos idées modernes sur la mission de l'homme et son droit, même la légitimité de la peine capitale a pu être discutée par le légiste et par le philosophe. Mais quand tout était carnage, tout incertitude ; quand c'était pour le bourgeois merveille de mourir dans son lit ; quand, au coin de chaque guerre, la peste était là, épiant les heureux qui rentraient au logis ; quand la vie était mauvaise toujours, et que, suivant une pittoresque expression, on ne trouvait pas même de bon oreiller pour la mort, est-il étonnant que le mépris de la vie ait emporté, comme effet de droit, la triste vulgarité de la peine capitale ? — Qu'était-ce que mourir au moyen âge ? — Au pauvre peuple, la mort n'apparaissait-elle pas comme l'ange de la délivrance ? C'était le refuge, ou, dans tous les cas, le destin violent de tant d'innocents, que ce ne pouvait être l'unique peine des coupables. Et de là les barbaries, de là les excès. Le temps approchait où devait tournoyer hideusement la danse macabre (1). On savait déjà tous les hommes égaux devant le ver du sépulcre. — Il fallait leur faire inégale leur part de douleurs. La souffrance aiguë, c'était bien là le vrai châtiment du criminel !

D'ailleurs, nous l'avons dit, à Bordeaux, la loi pénale était presque humaine. On n'y trouve point ces supplices inouïs, l'écartèlement ou la roue, dont Paris avait parfois l'épouvantable spectacle ; — à Bordeaux, la torture n'avait rien d'affreux ; elle intimidait le coupable bien plus qu'elle n'obligeait l'innocence à de monstrueux aveux ; — si le bûcher dévorait çà et là quelques victimes, c'étaient surtout des empoisonneurs (2) ; — et il fallait d'autant plus sévir contre ceux-là, que la science n'apportait pas alors à la justice le précieux concours de ses lumières, et que le crime avait d'autant plus de chances de demeurer impuni. — La pendaison était presque l'unique peine capitale ; — le *roi des Arlots* n'avait guère besoin que d'une corde pour faire son triste métier. — Que de pays alors où il lui fallait toute l'effroyable panoplie des hautes-œuvres !

Nous en avons fini avec l'histoire de la justice criminelle pendant la première moitié de la période anglaise. Peut-être devrions-nous tenir notre tâche pour accomplie, et nous arrêter ici, car les limites nécessaires de ce travail me commandent d'abréger ; et d'ailleurs, pendant les deux siècles qui nous séparent encore des nouvelles Coutumes, le Droit pénal n'a subi à Bordeaux aucune modification importante. Mais, ne fût-ce qu'au point de vue historique, le XIVᵉ et le XVᵉ siècle ont tant de droits à notre attention, que vous me permettrez de les traverser avec vous. — Il nous importe de savoir comment Bordeaux redevint français, et quels furent pour notre ville les premiers bienfaits de la royauté nationale. — Courage donc, et marchons à grands pas au travers de ces âges de laborieux enfantement, où des luttes incessantes dans tous les degrés de l'échelle sociale tendent à mêler, à force de chocs, des éléments encore hostiles, et préparent lentement cette œuvre d'unité nationale que Louis XI, grand par le génie autant que par l'astuce, donna le premier pour but à sa royale volonté.

IV.

Au XIVᵉ siècle, l'intervention du suzerain français, énergique et hautaine avec Philippe le Bel, ardente et querelleuse avec Charles et Philippe de Valois, est tombée bientôt sans force, brisée par la chute du Roi Jean (1). Tranquille du côté de la France que le Prince-Noir a réduite au silence, Édouard III a prêté à Pierre de Castille son victorieux patronage (2), et le prince de Galles a ramené prisonnier dans son duché d'Aquitaine l'illustre champion d'Henri de Transtamare, ce Bertrand du Guesclin, grand jusque dans la captivité, et dont une princesse anglaise est fière de briser les fers (3).

A ce moment, il semble que Bordeaux ait atteint l'apogée de sa prospérité (4), puisque, centre des opérations militaires des Anglais, la ville s'illustre de leurs captifs, tout en s'enrichissant de leur butin. Et pourtant la cité souffre cruellement. Le Prince-Noir mène grandement la vie ; il tient la cour la plus dépensière de l'Europe, et cherche, dans le faste, à oublier des douleurs physiques empirées par la victoire. Ce faste, Bordeaux le paye à chers deniers. Aujourd'hui c'est par l'altération des monnaies, demain par un « *fouage* » excessif que le prince, malgré les sages avis de son connétable, veut « *appaiser le grand argent qu'il doit.* » La noblesse, à bout de patience, prélats, barons et nobles hommes, s'adressent au Roi de France (1), et Charles V reçoit leur appel comme suzerain.

Il y eut alors un étrange procès féodal (2) ! Le suzerain cite devant la Cour des pairs le vassal coupable. Un chevalier et un clerc en droit, juge criminel de Toulouse, viennent lire leur message judiciaire au royal défendeur. — On sait sa fière réponse (3) ; on sait aussi qu'en ce temps-là il faisait mauvais instrumenter contre les rois, et que le pauvre clerc en droit, bien longtemps après sa mission, mourait dans le cachot où il l'avait expiée.

De pareils procès n'avaient d'autre sanction possible que la guerre ; — elle fut acharnée. — Les Français firent merveille ; le Prince-Noir recula pour la première fois. Sauvé par la flotte de Lancastre, il se vengea d'une défaite par le sac de Limoges, confia l'Aquitaine à son frère, et mourut.

C'en est fait de la puissance défaillante de l'Angleterre ; du Guesclin a publié à La Réole (4) son mandement, et Bordeaux va être assiégé, lorsque la guerre de Normandie sauve la ville, et la venue de Richard rétablit la prépondérance anglaise. C'est que Richard était un enfant de la cité. Il avait vu le jour sous les sombres lambris du château de l'Ombrière (5) ; il avait grandi à Bordeaux. Aussi il y est accueilli avec transport ; la cité protége sa faiblesse ; elle le vengera quand il sera tombé sous les coups de lâches assassins (6).

Le moment s'approche pourtant où la Guyenne va faire retour à la couronne de France. Le XVe siècle vient de s'ouvrir. Le duc d'Orléans inquiète l'Anglais ; les Darmagnac allument leurs incendies jusque sous les murs de la cité (7). On voit alors l'épidémie ravager la contrée (8), la famine pleurer aux portes qu'épargne l'ange exterminateur (9), et, parmi toutes ces misères, l'Anglais s'affaiblir dans sa ville appauvrie. — Autour de Bordeaux, Rioms, La Réole, Saint-Macaire, Bazas, villes et châteaux forts, ont essayé de secouer le joug onéreux du Roi d'Angleterre. Bordeaux s'est épuisé à les réduire (10). Les hivers sont forts et âpres ; la Garonne a glacé avec grande perte de navires (11) ; la voûte de Saint-André, ébranlée par

un tremblement de terre, s'est écroulée à moitié (1) ; — un malaise
général prépare leur voie aux Français. — La lutte, sourde au dedans, sanglante au dehors, revêt çà et là le caractère chevaleresque
de la passe d'armes ou du tournois. Çà et là, en la grande place
Saint-André, sous les murs de l'Ombrière, dans les prairies qui
avoisinent la Corderie, des seigneurs puissants ou de preux chevaliers combattent avec des succès presque égaux pour la France et
pour l'Angleterre (2). Mais le péril se fait imminent. Charles VI et
le Dauphin sont à Dax ; ils tiennent les Landes et menacent Bordeaux. La ville s'arme sans enthousiasme ; les barons hésitent ; le
clergé hésite plus encore ; et tandis que Xaintrailles, fort de l'al-
liance espagnole, arrive sur la Dordogne, la ville n'a d'émotions
que pour la querelle du Maire et du Captal de Buch. C'est à peine
si le désastre de Bazas peut faire diversion à la question des *Pa-
douens* (3).......

Tandis que Bordeaux attendait ainsi, dans une sorte d'apathie
morale, que son heure fût venue, la France présentait un grand et
magnifique spectacle. Au milieu d'une immense attente populaire,
la Pucelle d'Orléans avait accompli son œuvre sublime ; — et pourtant, si, malgré les désordres des routiers et les pragueries, la Normandie avait été conquise, l'Aquitaine restait encore aux Anglais.
— Il fallait la leur reprendre. — La vieille Christine de Pisan était
sortie de son cloître pour saluer, d'une voix près de s'éteindre, la
renaissance de la France. Comme sa muse le disait, le temps était
arrivé de *détruire l'englescherie* (4). La prédiction de Merlin ne
s'était pas encore complètement réalisée ; la vierge n'avait pas mis
sous ses pieds tous les hommes armés de l'arc ; — il en restait
encore qu'il fallait chasser du sol de la patrie !

Aussi Bourg, Libourne, Blaye, villes et châteaux forts, sont
assiégés et pris par Dunois, Jean Bureau et le comte de Pen-
thièvre. Tous les grands capitaines de la France entourent Bordeaux. La ville, aux abois, est forcée de se rendre (5) ; les vain-
queurs font dans ses murs une entrée triomphale ; les cloches
disent aux échos le *Te Deum* que chante la cathédrale ; la bannière
blanche a remplacé le léopard sur les tours de la cité ; la ville est
française ! Les Anglais feront désormais de vains efforts pour la
reprendre ; Talbot mourra dans les champs de Castillon (6), et
Bordeaux paiera son pardon au prix de cent mille écus d'or. Les
Anglais, qui ont fait la ville ce que les Français l'ont trouvée, n'y
pourront plus circuler librement (7) ; — la langue maternelle de-

viendra la langue de tous (1) ; les bourgeois oublieront leur idiôme roman, et la France se sentira vivre tout entière !

Mais la Guyenne n'était encore réduite que par les armes ; il fallait la rendre française par le cœur et par les habitudes.

Ce fut l'affaire de la Justice.

En traitant avec Bordeaux, Charles VII lui avait annoncé une juridiction souveraine, laquelle jugerait sans appel toutes les causes du pays (2). Ainsi promis par la victoire, le Parlement devait être pour Bordeaux le premier bienfait de la conquête. — Il y fut établi en l'an de grâce 1462 par les soins de Louis XI (3), qui, la veille, avait fondé, en l'honneur de la Très-Sainte Vierge Marie, la confrérie maritime des Montuzets ; — l'année suivante, le Roi confirmait les Bordelais dans leurs anciennes franchises et libertés (4).

A ce moment, la cité succombait d'épuisement ; désolée par la peste et la famine, elle avait vu son commerce languir et sa misère augmenter chaque jour. — Le XVIe siècle la trouvait malade et pauvre. — Aussi, ni la venue de Charles VIII, ni le passage de François Ier, ne suffisent à la réconforter (5). Le peu de vie qui lui reste, elle l'use à défendre ses privilèges ; — un travail patient et silencieux de rénovation sociale s'accomplit au sein de la ville fatiguée.

V.

C'est vers le commencement du XVIe siècle, en l'année 1520, que les Trois-États, assemblés par l'ordre de François Ier, procédèrent, sous la première présidence de François de Belcier, à la réformation et à la rédaction française des Coutumes. Déjà le Président de Lamarthonie avait mis la main à cette œuvre nécessaire ; elle ne fut terminée qu'en 1527, et les Coutumes parurent alors sous le titre plus moderne de « COUTUMES GÉNÉRALES DE LA VILLE DE BORDEAUX, SÉNÉCHAUSSÉE DE GUYENNE ET PAYS BOURDELOYS (6). »

Vous le savez déjà, Messieurs, ces nouvelles Coutumes laissent subsister, dans leur entier, les dispositions pénales de *las Coustumas*. C'est à peine si les titres 6, 10, 11 et 12 traitent de quelques matières criminelles, et encore est-ce pour s'occuper exclusivement de dommages causés aux champs, de vols de récoltes, de délits de chasse, de rapt et de vol domestiques; la Coutume garde partout ailleurs un silence absolu sur le Droit criminel (1).

L'art. 228 des anciennes Coutumes disait que, dans les cas qu'elles n'auraient pas prévus, il faudrait s'en rapporter aux Coutumes semblables, et, à leur défaut, consulter la raison naturelle, avant d'en arriver au Droit écrit (2). Sans doute que cet article était tacitement maintenu par les nouvelles Coutumes, et qu'elles s'en rapportaient, elles aussi, soit à celles qui les avaient précédées, soit aux Coutumes voisines, soit, enfin, à la raison naturelle. Remarquons cependant que la raison naturelle ne paraît pas avoir adouci encore, au XVIe siècle, l'excessive rigueur de la pénalité; car les art. 106 et 107 édictent la peine de mort pour le rapt et pour le vol domestiques, si la chose volée excède 50 francs bourdelois.— Dans le premier cas, la décapitation, dans le second, la pendaison, étaient prononcées.—Au-dessous de 50 francs (3), le vol n'entraînait contre son auteur que la peine du fouet. C'était également cette même peine qui punissait la récidive en matière de vol de bois, de gibier ou de poisson. — Il paraît qu'heureusement l'humanité des maîtres ou des seigneurs mit bien souvent les coupables à l'abri de la hache ou de la corde, — et ce n'est pas sans regret que l'on peut voir deux esprits sages et éclairés, les frères Lamothe, se plaindre, vers la fin du XVIIIe siècle, de ce qu'ils appellent « une indulgence mal entendue et une fausse délicatessse (4). »

Nous n'aurions plus rien à dire des nouvelles Coutumes, s'il ne nous restait à parler de la disposition remarquable de l'art. 79, relatif à l'emprisonnement par *partie-formée*.

Aux termes de cet article, quand, en matière de crime ou de délit (la distinction existe déjà), il y avait crainte de la fuite du délinquant, le plaignant était reçu à faire partie-formée, c'est-à-dire à faire arrêter sans formalité de justice et conduire son adversaire en prison, en offrant de se constituer prisonnier avec lui.

La *partie-formée* ou *formelle* était donc *l'arrêtement* dont parlait l'art. 101 des anciennes Coutumes, et qui n'était licite alors que contre les étrangers. — Mais cet arrêtement exceptionnel s'était rapidement étendu aux procès criminels entre bourgeois, et avait fini par devenir une faculté générale dont tout plaignant pouvait user à son gré (5). Peut-être que, d'abord, la partie-formée avait été à Bordeaux, comme dans certains pays coutumiers, le Nivernois par exemple, réservée pour certains cas de blessures et de vol (6);

mais, au XVIᵉ siècle, une seule condition suffisait pour la rendre possible : la juste crainte de la fuite du prévenu.

Disons, du reste, que la faculté qui devait plus tard être accordée à l'accusé et au plaignant d'obtenir, même en partie-formée, leur liberté sous caution, devait porter un coup mortel à ce mode de procéder (1). — Aussi voit-on, dès l'Ordonnance de 1670, que personne ne pouvait être incarcéré sans information précédente (2) ; aussi, au XVIIIᵉ siècle, la partie-formée n'était-elle plus connue que par la tradition. A cette époque pourtant, quelques jurisconsultes daignaient s'en occuper encore, mais tout à fait en théorie, et comme uniquement applicable à des cas rares et déterminés (3).

Voilà tout ce que renferment les Coutumes de 1520 au sujet du Droit criminel. On peut en être surpris, car, de si grands changements étaient intervenus dans les juridictions, qu'il eût été naturel de voir le Droit pénal s'en ressentir profondément, tout au moins dans sa procédure.

Déjà, en effet, le Prévôt de l'Ombrière a disparu pour, réuni au Sénéchal de Bordeaux, s'appeler bientôt le Lieutenant-général de la province de Guyenne (4). — Le Prévôt de Saint-Éloi et le Maire ont perdu, en grande partie, l'autorité judiciaire. Ils sont devenus à peu près exclusivement des magistrats municipaux chargés de la police de la ville. La Jurade ne compte plus cinquante membres comme sous les Anglais ; douze suffisent à tenir dans l'obéissance un peuple pourtant « fort mutin et subject à changement (5). » Ces magistrats, choisis indifféremment dans toutes les classes de la bourgeoisie, et parmi les citoyens les plus riches et les plus instruits, et parmi « les marchands de robe courte, drapiers et autres, » n'avaient plus sur la ville le droit exclusif de haute, moyenne et basse justice. Le Maire n'était plus que le premier de la cité ; son lieutenant ne conduisait plus à l'ennemi la cavalerie et les enfants de la ville (6) ; les officiers du Roi étaient devenus les dépositaires du pouvoir militaire (7), et le Parlement avait hérité de l'administration de la justice.

Corps d'abord purement civil, le Parlement avait eu à lutter contre les diverses juridictions qui l'avaient précédé. A son origine, tout lui avait été contesté, et l'étendue de son ressort, et l'étendue de sa compétence. Mais le pouvoir royal lui était venu en aide (8), et bientôt la justice criminelle elle-même lui avait été attribuée. « Au moys de may, audict an 1519, dit Delurbe, le Roy François fait nouvelle creüe de Conseillers au Parlement de Bourdeaus pour l'establissement de la Tournelle. » — Ses derniers pouvoirs de haute justice échappèrent ainsi au corps de ville. Si le Jurat, en chaperon de livrée, conserva le pas sur tous les nobles, les Conseillers du Roi marchèrent alors les premiers partout, et les *poissonniers* de la ville durent veiller à ce que ceux-ci fussent servis avant tous autres (1).

Nous n'avons pas à faire l'histoire de la Tournelle. — Les documents ne nous manqueraient certainement pas pour rendre à cette chambre criminelle sa physionomie juridique. Mais nous devons nous borner ici à dire que, dans le principe, la création de cette nouvelle juridiction amena peut-être plus de confusion que d'heureux effets dans l'administration de la justice. La Jurade résistait et faisait de la politique de conflit. Il fallut que la royauté intervînt. Le Parlement demeura vainqueur (2).

Ainsi réglementée, la Tournelle, en étendant aux matières criminelles la compétence souveraine du Parlement, compléta cette œuvre d'unité judiciaire, ardemment poursuivie par la royauté depuis la conquête de la Guyenne. — Ce n'est point que des contestations nombreuses ne s'élèveront encore entre les diverses juridictions. — Mais par cela même que les pouvoirs judiciaires seront mieux délimités, ces contestations tendront à devenir plus rares, et, dans tous les cas, tourneront au profit de l'institution parlementaire, c'est-à-dire de l'unité judiciaire elle-même (3).

Sous l'influence heureuse des idées nouvelles, on verra bientôt s'organiser successivement, durant ce XVIe siècle, « où l'esprit humain marche en tous sens, où il avance par toutes ses voies, » — le *Bureau des finances*, chargé de la vérification des comptes publics; — la *Cour présidiale*, qui, réunie à la Sénéchaussée, deviendra le Juge du premier ressort; — la *Chancellerie*, sorte de Parquet où s'apposent, sur les arrêts et décisions, la formule exécutoire et le sceau royal; — la *Cour des aides*, souveraine en matière d'impôts; — la *Bourse*, qui connaît et juge des causes entre les marchands, à l'instar des Bourses déjà établies à Paris et à Lyon; — la *Cour des comptes*, chargée des aveux et dénombrement dans la province; — enfin l'*Amirauté* et la *Table de marbre*, juges des contraventions maritimes et forestières.

Tel sera, en dehors de la sphère criminelle, le coup d'œil que présentera la Justice, à Bordeaux, vers la fin du XVIe siècle.

Dès la première moitié de ce siècle, Bordeaux offre un curieux spectacle de rénovation et de vie moderne.

Tandis que le Parlement trône dans le palais de l'Ombrière, le

Roy, pour s'assurer de la ville, a élevé les remparts du château Tropeïte et les tours épaisses du château du Hâ (1). — Comme la politique royale, la charité publique s'est assise et organisée. — Il y a maintenant un collecteur général des aumônes ; — des rôles spéciaux sont ouverts à la mendicité ; — dans chaque hôtellerie, un tronc reçoit l'obole destinée par le voyageur à soulager les misères de la ville hospitalière (2) ; — aux malades, l'hôpital Saint-André assure des soins pieux (3). — La bourgeoisie n'est pas restée en arrière dans ce mouvement général ; elle a rédigé avec plus de force les statuts de ses métiers et corporations (4) ; — la Bazoche, dont le roi assistait, la tête couverte, aux audiences de la grand'-chambre, devient menaçante à force de licence (5). — Le Barreau, qui trouve maintenant un terrain digne de lui, s'organise et se fortifie ; — auparavant il y avait seulement des avocats ; — des avocats qui, en matière criminelle, ne pouvaient prêter à l'accusé le secours de leur parole, que si le plaignant avait lui-même confié à un avocat le soin de faire valoir ses droits (6) ; — des avocats qui devaient accompagner leurs clients, en même temps que le médecin et le maître armurier, sur le terrain du combat judiciaire, et y exposer, devant les juges, la nature de l'affaire (7) ; — des avocats qui, fidèles à leur serment, pouvaient abandonner les causes qui leur paraissaient mauvaises (8), et qui, souvent appelés au conseil des Trente, recevaient aussi de la Jurade la mission de vaquer, comme assesseurs, à l'expédition des procès criminels (9) ; — mais il n'y avait pas encore de Barreau. — Il apparaît, pour la première fois, comme compagnie, à la séance d'inauguration du Parlement (10) ; — bientôt il va s'illustrer de la mâle éloquence de Guillaume le Blanc. On peut dire que, dès son début, il s'élève brillamment à toute la hauteur de son ministère (11).

Ainsi s'accomplissent ces temps prodigieux « de l'enthousiasme et de l'ironie, de la poésie et de la science, de l'art et de la politique, du fanatisme religieux et de l'élan philosophique (12). » — Le moyen âge n'est plus ; — c'est la renaissance qui resplendit au ciel de la patrie ! — Quand, naguère encore, il n'y avait que des fiefs et des communes, des seigneurs et des manants, il y a maintenant une France, un roi, un peuple. — Au dehors, la langue s'est épurée avec Commines ; et si Rabelais « bafoue toutes choses, grandes et petites, de son cynisme désordonné », il reste « attique par le style jusqu'au sein de la plus grossière licence (13). » — L'esprit humain se sent poussé par une invincible curiosité de savoir, en même temps que par de précoces élans de liberté (1). A Bordeaux déjà s'est formée une université qui marche de pair avec celle de Toulouse (2) ; déjà le collége Saint-Raphaël répand dans toutes les classes les lumières de ses doctes professeurs (3) ; les « *thèses médecinales* » sont soutenues avec solennité au milieu d'un auditoire plein de dévouement à la science ; çà et là de célèbres « *disputations* » entre docteurs se produisent devant les grands, jaloux de protéger le vrai mérite (4) ; — et Montaigne viendra bientôt, un siècle après la conquête, parler, dans cette ville où cent ans plus tôt le français n'était pas même compris, la langue la plus riche, la plus pleine, la plus inattendue dans ses naïves soudainetés que le XVIᵉ siècle ait léguée à notre filiale admiration !

Ma tâche est donc terminée, et je m'arrête, heureux de l'avoir accomplie, puisque je la tenais de votre flatteuse confiance ; heureux aussi, parce qu'elle m'a permis d'apporter ma pierre à la reconstruction de notre passé bordelais, passé qui nous fit le présent ; et dont tous ici nous devons être fiers !

NOTES ET TEXTES.

L'occasion dans laquelle le Discours qui précède a été prononcé, imposait à l'auteur le devoir de n'esquisser qu'à grands traits la vaste étude juridique qu'il s'était proposée.

En livrant à la publicité ce travail sommaire, l'auteur a cru devoir l'accompagner de NOTES destinées à mettre en lumière plus d'un détail forcément négligé, et de TEXTES indispensables à l'appréciation exacte de son œuvre.

Il espère qu'on lui pardonnera le nombre et le volume de ces justifications. — Elles lui serviront peut-être à montrer que la fantaisie ou l'hypothèse n'ont pas trouvé grâce sous sa plume. — Peut-être aussi, dans sa bienveillance, le Lecteur y verra-t-il d'utiles indications et la mention consciencieuse de souvenirs trop oubliés.

PAGE 3.

(1) Boitard. — Leçons sur les Codes pénal et d'instruction criminelle. — Introduction.

PAGE 4.

(1) Ampère. — Discours sur l'histoire de la littérature française, prononcé au Collége de France, le 14 février 1834. — (*Revue des Deux-Mondes*, 1834, p. 406.)

(2) Michelet. — Le XIVe siècle. — Discours prononcé à l'ouverture de son cours d'histoire, le 9 janvier 1834. (*Id.*, page 187.)

(3) *Introduction historique au Cours de Législation pénale comparée.* — V. aussi deux articles sur les sources de notre ancien Droit pénal. (*Revue de législat.*, 1848, t. 1er, p. 21 et 161.)

(4) *Cours de Code pénal* (1854). — Leçons 1-5.

(5) *Des améliorations et des progrès dans la législation criminelle depuis* 1789 (3 novembre 1847). — *Gazette des Tribunaux*, n° 6345. — V. notamment le paragraphe intitulé : « *La Gaule romaine et le moyen âge.* »

PAGE 5.

(1) En l'an 507. V. Grég. Tur., *Hist.*, l. I, n° 37.

(2) Les *Compilations de Justinien* paraissent s'être répandues dans les Gaules vers le VIIe siècle. On peut voir, du reste, sur toute cette période, la belle *Histoire du Droit français*, de M. de Savigny, et son *Histoire du Droit romain au moyen âge*, ch. III.

(3) C'est la collection du moine Dénys le Petit, laquelle fut aussi appelée *Vetus codex ecclesiæ romanæ*.

(4) V. Eutrope, *Hist. rom.*, l. IX, et dom Devienne, *Hist. de Bordeaux*, t. 1, p. 2. V. aussi *Dissertation sur le règne des deux Tétricus*, par l'abbé Vénuti (Bordeaux, 1754).

(5) Ausone exerça la préfecture dans l'Italie, dans l'Afrique et dans les Gaules. Il fut fait premier consul par Gratien, en l'an 379. — V. M. Dutrey, *Discours de réception à l'Académie des sciences, belles-lettres et arts de Bordeaux* (sous presse).

(6) Les curiales étaient des magistrats permanents et amovibles, que Charlemagne investit du droit, 1° de lever les troupes ; 2° d'administrer la justice ; 3° de percevoir les impôts. (Ducourneau, *Guyenne histor. et monument.*, t. 2, p. 49.)

(7) Ducourneau *(loc. cit.)*, p. 58.

(8) Rabanis, *Hist. de Bordeaux*, introduction, p. xj (1835).

PAGE 6.

(1) On sait l'immense rôle du clergé dans ces temps reculés. — Il avait une grande influence morale et des richesses au moins aussi grandes. — Ses immunités et priviléges furent encore augmentés par Charlemagne.

(2) Le système des compositions fut vite accepté à Bordeaux. M. l'abbé Gourcy,

dans son ouvrage intitulé : *De l'état des personnes en France....*, p. 208, indique ainsi les diverses compositions au VIIe siècle : « Le Franck libre n'avait que 200 sous *(solidi)* de composition, et le Gallo-Romain, propriétaire, 100; le sous-diacre en avait 400; le diacre, 500; le prêtre, 600, et l'évêque, 900; les officiers du Roi, les seigneurs, les grands étaient à peine égalés en ce point aux ministres de l'Église. — La composition du Romain convive du Roi est de 300 sous; celle du juge fiscal nommé comte ou grafion, de l'antrustion et du noble Franck, est de 600 sous. — La composition du duc est la même que celle de l'évêque. » — Ajoutons que le Franck qui, à Bordeaux, dépouillait un Romain à main armée, n'était condamné qu'à 30 sous de composition, tandis que le Romain qui dépouillait un Franck payait 62 sous. Si le Franck frappait un ingénu, il payait 1 sou par coup; pour un affranchi, ce n'était que 1/2 sou, et seulement 1/3 pour un serf. — Toutes les peines n'étaient pas cependant pécuniaires; les vols commis par les serfs étaient punis du fouet et de la prison; — le serf qui tuait un ingénu était livré aux parents du mort; — la loi du talion existait en matière de coups et blessures entre les ingénus. — Quand le coupable était un affranchi, outre la peine du talion, il recevait le fouet. — L'individu qui était surpris plus de trois fois à travailler le dimanche devenait le serf de l'État. — Il faut encore noter ici une coutume bizarre suivant laquelle le parent qui ne voulait pas payer la composition encourue par un des siens renonçait à sa famille; il se rendait devant le juge, et rompait sur sa tête quatre petits bâtons.

(3) V., d'ailleurs, sur l'histoire de cette période, le *Cours* de M. Bertauld, 2e leçon (p. 26-55). V. aussi les nombreuses autorités qu'il cite, notamment Laferrière, *Histoire du Droit civil de Rome et du Droit français*, III, liv. IV, ch. VIII, et les leçons de M. Guizot sur *l'Histoire de la civilisation en France*. — V., en particulier, dans l'ouvrage de M. Bertauld, ce qu'il dit du principe de la *personnalité* de la loi, et de la question de savoir si ce principe s'appliquait en matière pénale comme en matière civile (p. 59 et suiv.).

(4) Plus d'une fois, les loups (comme à Paris au XVe siècle) coururent par la ville, dévorant chiens et enfants. (V. *Chronique bordelaise*, année 582. — V. aussi Henri Martin, *Hist. de Fr.*, année 1438.)

PAGE 7.

(1) On sait que les vins de Bordeaux étaient déjà célèbres dans la Gaule romaine. Ausone les a chantés. Un poète bordelais du XVIe siècle, Pierre de Brach, disait, en 1576, en parlant du soleil :

> Ou s'il n'a par-mi nous jadis prins sa naissance,
> Il dompta, soubs les loix de son obeïssance,
> Nostre païs de Grave, et lui-même soigneus
> De sa main y planta tous ces grands champs vineus,
> Dont les raisins pressés portent telle ambrosie,
> Que soit vin sec, vin grec ou vin d'Andelousie,

> Angevin, Falernois, ou soit Malevoisien,
> En piquante douçeur ne s'approche du sien.

Sous Dagobert, les huîtres du bas du fleuve avaient aussi une grande réputation.

(2) V. Rabanis, *Mérovingiens d'Aquitaine* (1841).

(3) A Bordeaux et dans ses environs, on trouve encore plus d'une trace du passage des Sarrasins. — Le village de Sarcignan a pris son nom des vestiges sarrasins qui se trouvent auprès.

(4) V. le Mémoire de Venuti sur la vie de Waïfre, duc d'Aquitaine. — Ce prince fut assassiné par les ordres de Pepin. — On peut lire à ce sujet ce que dit Venuti sur la tombe de Caïfas, le bas-relief de Sainte-Croix, et l'os de Galfer. (*Dissert.*, p. 79 à 114.)

(5) « Les Normands pyrates, après avoir couru et brigandé toute la coste de Guiene......prenent Bourdeaus; le pillent et mettent à feu. » (*Chron. bourdel.*, ann. 857.)

(6) Ep. Joann. VIII, in dom Devienne, *Histoire de Bordeaux*, p. 20.

(7) Maccary, *Man. arab.*, n° 704, f° 56, r°, cité par Ducourneau, *loc. cit.*, p. 52.

(8) *Mons-Judaïcus*, ténement avoisinant la Devise, et sur lequel était bâtie la chapelle de Saint-Martin du Mont-Judaïc. (V. *Chronique*, année 1273, et Bernadau, *le Viographe Bordelais*, p. 145. — C'est aujourd'hui le quartier judaïque.)

(9) La *Chronique de Bordeaux* et les historiens français appellent cette princesse Éléonore de Guyenne. — Louvet (*Hist. d'Aq.*, p. 71) et dom Devienne (*loc. cit.*, p. 22) l'appellent Aliénor, et l'érudit bénédictin fait remarquer que c'est ainsi qu'elle est nommée dans toutes les chartes du XIIᵉ siècle. — C'était peut-être plus particulièrement le nom sous lequel les Anglais la désignaient.— Nous avons cru devoir l'adopter dans ce travail.

(10) C'est la fameuse Ordonnance dite : *les jugements d'Oleron*. Le *roole* en fut inséré aux registres de la *Comptablie* de Bordeaux « pour servir de loy en la mer du Ponant, à juger toutes questions sur le fait de la navigation. » (V. *Us et coutumes de la mer*, p. 2. Imprimé à Bordeaux, en 1661, par Cleirac.)

(11) Parmi les plus illustres *trobadors* de la cour d'Aliénor, on trouvait Bernard de Ventadour, Bertrand de Born, comte de Hautefort, l'ennemi d'Henri II et l'auteur de belliqueuses *sirventes*, et enfin Arnaud Daniel, le grand maître d'amour, comme l'a nommé Pétrarque.

(12) *Anno* 1242. V. Dom Devienne, p. 52.

(13) V. le Règlement de Simon de Montfort, de l'année 1250 (rapporté dans Rymer, *Act. publ.*, l. I, p. 1), qui essaie de mettre un terme, sans y parvenir, aux discussions qui agitaient Bordeaux.

(14) La charge de maire (major) avait été instituée par Henri II.

Page 8.

(1) On sait qu'en 1283, Pierre d'Aragon et Charles d'Anjou convinrent de trancher, par un combat singulier, leur différend au sujet de la couronne de Sicile; — on sait aussi que Bordeaux fut choisi pour lieu de rendez-vous. Édouard d'Angleterre devait être juge du camp. Charles d'Anjou vint seul, et le duel n'eut pas lieu. Mais rien ne peint mieux que cette anecdote et les mœurs du temps, et l'importance que les Anglais avaient donnée alors à Bordeaux. (V. *Chr. de Nangis*, t. 11.)

(2) Était-ce bien le motif de la mort qu'un Anglais donna à un Normand en 1293? On peut en douter. — Mais assurément la différence de langage et l'animosité naturelle des deux races ne put qu'envenimer la querelle et suffit à la faire sanglante. (V. Dom Devienne, p. 46.)

(3) V. Dom Devienne, p. 47, et *Liv. des bouillons* (qu'il cite).

(4) V. l'abbé Beaurein, *Var. bordel.*, l. IV, p. 123.

(5) Le traité conclu par Boniface VIII fut signé à Montreuil-sur-Mer, le vendredi avant la Saint-Jean de l'an 1299, et confirmé, après une reprise d'hostilités, en 1303. — Celui qui voudrait se rendre compte, dans ses moindres détails, de toute cette histoire trouverait, dans Du Tillet (*Recueil des roys de France*: — Des pays et dominat. d'Anglet., p. 61 et suiv.), toutes les indications et tous les renseignements possibles.

(6) V. la *charte des padoüens*, de 1262, suivant laquelle les principales places publiques étaient des prairies communes pour le pâturage des bestiaux. — V. aussi l'enquête mentionnée au *Livre des bouillons* (archives de l'Hôtel-de-Ville), d'après laquelle « *tota la plassa de Saint-Projet es padoüen, et la plassa de Saint-Andrieu es padoüen, et totas las barbacanas desta billa son padoüens.* » — Des vignes considérables s'étendaient autour des Piliers-de-Tutelle (*Chronique*, ann. 1127). — Les bords du Peugue et de la Devèze, qui passaient à ciel ouvert dans la ville, étaient fort marécageux. — La rue des Palanques et la rue du Hâ tiraient leur nom, l'une des planches qui y servaient au passage du Peugue, l'autre, des moulins qui s'élevaient sur les bords de ce ruisseau (farine, en latin *far*, *har* en langue romane).

(7) V. Dom Devienne, ann. 911. — La Porte-Basse, qui était à l'extrémité méridionale de la rue des Lois, et qui a été détruite en 1803, datait de cette époque. (Bernadau, *le Viograph. bordel.*, p. 219.)

(8) « L'enceinte d'Henri III embrassa 43 hectares. » (Jouannet, *Statist. de la Gironde*, t. II, pag. 117.) — La Porte-Basse actuelle (jadis porte *Toscanam*) fut élevée lors de ce premier accroissement de la ville. (Bernadau, *loc. cit.*, p. 290.)

(9) Las *tors de Sent-Elegy* furent élevées en 1159. — Elles furent terminées et couvertes en 1449. (V. Bernadau, *loc. cit.*, p. 248, et *Chron. bordel.*, ann. 1449.) — Les trompettes de la ville marchaient aussi devant les jurats « avec des longues trompettes d'argent, et des estendarts pendants à icelles, où sont les armoiries de la ville. » (*Chron. de d'Arnal*, p. 21.)

(10) Les hospitaliers de Saint-Jean héritèrent plus tard des biens des Templiers.

(11) On les appelait *fratres de sacco* ou *frays deus sacxs*, à cause de leur costume.

(12) Saint-André fut d'abord, et longtemps, appelé Saint-Andrieu. (V. ci-dessus la charte des padoüens, etc...)

Page 9.

(1) Monseigneur Donnet : — *Monographie de l'église primatiale de Saint-André*. (Bordeaux, 1851.) — Remarquable travail auquel sont empruntés (p. 9, 14, 17) les détails ci-dessous.

(2) *Notice sur Saint-Seurin de Bordeaux*. — Suivant la *Chronique bordelaise*. le fameux cor de Rolland fut déposé dans cette église, dont la fondation paraît, d'ailleurs, remonter au Ve siècle. — « Les ducs de Guyenne ne deslogeoient jamais de la ville qu'au préalable ils n'eussent prins sur le grand autel dudict Sainct-Seurin l'espée et l'estendard béni et consacré par l'evesque. » (*Chronique*, année 599.) — Nous verrons plus loin quel rôle important a joué, dans la procédure criminelle, le for Saint-Seurin.

(3) M. Ducourneau (*Guy. hist.*, t. 2, p. 45) donne une description du château de l'Ombrière, empruntée à Bertrand de Born. — Le château avait été bâti, en 982, par les ducs de Gascogne. (V. Dom Devienne, p. 20.) — Il était défendu par deux tours, la *tour du roi* et l'*arbalesteyre*. — Édouard Ier y ajouta de nouvelles défenses. (Rymer, *Act. publ.*, t. 11, p. 24.) — L'édifice qui existe actuellement place du Palais, *et qui sert de magasin de roulage* (!!!), est peut-être la maison que le prévôt de l'Ombrière habitait vers l'an 1262; les lions qui surmontent la corniche, les armes figurées sur la façade, les inscriptions qui la décorent, notamment celle du socle en marbre de l'entablement « *pietati et justiciæ* », pourraient aussi (et à plus juste titre) faire supposer que cette demeure, assurément très-ancienne, a été un annexe du palais des Rois d'Angleterre. (V., d'ailleurs, Bordes, *Hist. des Monum. de Bordeaux*, t. 1, p. 68 et suiv.)

(4) V. l'Adresse envoyée au Roi, le 20 mars 1273, par le Maire et les Jurats, où il est dit : « Nos maisons, c'est-à-dire les maisons des citoyens de Bordeaux, nos vignes, nos terres sont allodiales pour la plupart, quel qu'en soit le possesseur. » (*Cout. du Parlem. de Bordeaux.*, t. 2, p. 303.) — « Au XIIIᵉ siècle, quand il est demandé à Jean de La Lande « si habeat allodium ? dixit : Prout cives Burdigalenses. » (*Manuscrit de Wolfenbuttel.* — Notice par MM. Martial et Jules Delpit. p. 39.)

(5) V. dans Rymer, *Act. publ.*, t. 1, 1ʳᵉ partie, p. 196, la lettre d'Édouard Iᵉʳ à son Sénéchal de Gascogne, où il lui disait : « Traitez les Juifs avec plus de bienveillance, et rendez-leur justice comme à de bons chrétiens. »

(6) *Las Coustumas de la vila de Bordeü* existent à l'état de manuscrit aux archives de la ville. — Ce manuscrit est décrit dans l'avant-propos des *Coutumes des frères Lamothe* (t. 1, p. xvij). — Il a été imprimé, en 1768, par ces laborieux avocats. (*Coutumes du ressort du Parlement de Guienne, avec un commentaire......*, t. 1, p. 15 à 148.) — Il n'a jamais, à notre connaissance du moins, été traduit en français. — On pourra lire, relativement à ces anciennes Coutumes dont la *Chronique* fait mention pour la première fois en 1314, ce que disent les frères Lamothe de leur autorité, ancienneté, forme et esprit. (Avant-propos, p. xvij à xxxiij.) — Nous avons dit plus haut que ces Coutumes remontaient *probablement* au commencement du XIVᵉ siècle. La date de leur rédaction n'est pas, en effet, bien connue, ou plutôt il paraît évident qu'elles n'ont point été rédigées *uno contextu*, mais article par article, pendant un nombre d'années très-considérable. — Leur désordre suffirait pour le faire penser ; — elles mentionnent un arrêt de 1238, et le manuscrit que les frères Lamothe ont suivi en mentionne un autre de 1354. — Toujours est-il que la majeure partie de cette compilation est manifestement antérieure au XIVᵉ siècle.

(7) V. *las Joyas del Gay Saber*, et la préface de M. Noulet, où il montre que le collège des Sept Troubadours de Toulouse, fondé en 1323, fut, jusque vers la fin du XVᵉ siècle (1471), fidèle aux lois d'amour de Guilhaume Molinier.

(8) Dans un des cartulaires les plus curieux du XIIIᵉ siècle *(Recognitiones feodorum)*, on trouve des actes en roman, rédigés dans un très-grand nombre de parties de la Guyenne et de la Gascogne. MM. Martial et Jules Delpit, qui ont donné (dans le XIIᵉ volume des Notices des manuscrits publiées par l'Académie des inscriptions et belles-lettres) un savant et consciencieux travail sur cet important document, font remarquer, avec raison, combien intéressant serait, pour l'histoire et la philologie, l'examen comparatif des dialectes divers que renferme ce cartulaire, très-connu, d'ailleurs, sous le nom de *Manuscrit de Wolfenbuttel*. (V. Notice, § II.) — *Las Coustumas* pourraient très-utilement servir à cette étude de linguistique.

(9) C'est la trève du 7 avril 1243, entre Henri III et Louis IX, qui a été traduite ainsi pour l'archevêque Géraud de Malemort.

(10) Ampère, *loc. cit.*

(11) Ce sont les articles 1 à 55, 72, 75, 89, 90, 129, 134, 167, 170, 215, 222, 226, 235 et 236.

PAGE 10.

(1) Michelet, *loc. cit.*

(2) On le trouve appelé *Perbost de Bordeü* aux articles 90 et 93, — et *Perbost de Saint-Elegi*, notamment dans les paragraphes 150 et 154. — Quelquefois aussi on disait *le Perbost* (art. 151). — Son Tribunal s'appelait tantôt *la Cort deü Perbost* (art. 138), et tantôt *la Cort deü Perbost de la vila* (art. 200).

(3) Le Maire s'appelait *lo Mager* (Major), et sa Cour *la Cort de Saint-Elegy* (art. 92). — Celle-ci jugeait à Saint-Éloi (art. 35); — elle était composée des *Jurals de la communia de Bordeü* (art. 170). — Le Sous-Maire s'appelait *Sots-Mager*, et plus souvent le *Loctenent* (art. 56).

(4) *Perbost de l'Ombreyra* (art. 192), ou *Prebost de l'Ombreyra* (art. 25). Il jugeait en *la Cort deü Perbost de l'Ombreyra de Bordeü* (art. 93, 101).

(5) *Senescau de Bordeü, Senescau de Guasconha* (art. 177), *Castelan* (art. 64), *Jutge deus apels* (art. 45). Il jugeait au *castet de Bordeü* (art. 45, 92, 171, 174, etc.). — Sa Cour s'appelait *la Cort deü Senescau* (art. 200, 93).

(6) V. Lamothe. *Coutumes.* Avant-propos, p. xxiij. — Le Prévôt tenait un registre de ses décisions *(Es escriu au papey deu Perbost*, dit l'art. 150). — Le supplément à la *Chronique bordelaise* donne une liste de maires, jurats, prévôts et clercs de ville depuis 1480 (p. 31).

(7) V. art. 93, 151, etc. — L'art. 90 s'exprime ainsi quant à l'appel du Prévôt de Saint-Éloi à la cour du Maire : — « *Usatge et cors es en la cort deu Perbost de Bordeü, que si aucun jutgamen es aqui dat, que aquet en contra cuy sera dat, digua asso, lo jutge provoqui et aperi à l'esmendament de la cort; et alabets lo Perbost assignara jorn à las partidas en quau jorn audiran lo esmendamen de corts per dabant lo Mager.* » L'art. 92 nous apprend comment cette *assignation* du Prévôt aux parties leur était donnée : « *En las causas de appellacion.... nos pausa ni s'asigna jorn à perseguir l'appellacion; mas bé se escriu lo jorn en paper deu Major....* » — Le conseil dont s'entourait le Maire était composé de *sabis* (art. 72) ou *prodomes de Bordeü costumers* (art. 45). — Dans certains cas, le Maire jugeait en dernier ressort.

PAGE 11.

(1) Édit de Philippe le Bel, de décembre 1295, rapporté dans la *Chronique bourdeloise* de Delurbe, p. 19. — L'original en latin de cette *Philippine (sic)* était

alors (1619) « conservé religieusement au thrésor de la ville. » — V., du reste, ce qu'on entendait par banlieue de Bordeaux dans cet édit et dans le *Musée d'A-quitaine*, t. 3, p. 51. (Notice historique et topographique sur la banlieue de Bordeaux, par Jouannet.)

(2) « C'étaient les crimes qui pouvaient être considérés comme une atteinte aux droits du Roi, ou une offense contre son autorité. » (Bertauld, *loc. cit.*, p. 77.)

(3) « Le Prévost de l'Ombryère doibt ouyr les persones qui playdoyeront par devant luy, sommèrement et de plain et sans longue figure de procès, et doibt faire droict entre les estrangiers *dedent troijs marées* si bonnement faire se peut..... » (Règlement de Charles VII, produit par l'abbé Beaurein, et cité, en note, dans l'Avant-propos des frères Lamothe, p. xxxii.

(4) « Ancienement, auparauant l'institution du Parlement, les appellations des Maire et Jurats ressortissoient au Seneschal de Guyene, ou son lieutenant, qu'on appelloit pour lors Iuje de Gascogne. » (*Chron.*, f. 19.) — Quand la Coutume re-produit un arrêt de la cour du Sénéchal, rendu en appel de la juridiction du Maire, elle cite les noms des conseillers qui ont concouru à la sentence. (V. no-tamment art. 45 et 171.) — Les jugements du Sénéchal étaient prononcés avec un appareil qui faisait quelquefois dire d'eux qu'ils avaient été rendus en *planeyra cort*, ou *planeyra assisa*. (Lamothe, *Cout.*, p. xxx.)

(5) Art. 64 : « Le marit conoys et jutga deus pleyts et de las causas de sa molher, etc. »

(6) En dehors des quatre juridictions dont nous avons parlé, y avait-il à Bordeaux quelque autre Tribunal particulier? C'est là une question qui a préoccupé l'abbé Beaurein. Il y a répondu en émettant la croyance qu'il y avait au-dessus même du Châtelain, et bien longtemps avant le Parlement, un Conseil supérieur qui connaissait souverainement de toutes les grandes affaires. — L'existence de ce Conseil nous paraît plus que problématique. Peut-être, et surtout pendant le XVᵉ siècle, un Tribunal souverain a-t-il été commissionné pour quelques affaires majeures; mais nous ne pensons pas qu'avant cette époque, il ait jamais siégé d'une manière permanente et régulière.

(7) Art. 64.

PAGE 12.

(1) Art. 50. — Voici, suivant cet article, quelques faits constitutifs du crime de sorcellerie. Nous traduisons pour la plus grande commodité de tous nos lecteurs : « Quand un homme ou femme use de sorcellerie, comme de lier *(liguar)* un homme, de telle sorte qu'il ne puisse avoir affaire *(aver a far)* avec sa femme; — ou ceux qui savent faire invocation de démons par art de nécromancie, ou par autre art dont quelque dommage puisse résulter secrètement contre un homme ou une femme;

ou faire quelque image ou tailler une figure de son drap *(o far ymagenas o figuras talhar de sons draps)*, ou mettre en son lit amulettes *(breü)* ou vermine ou autre chose d'où il perde son repos..... »

(2) Art. 46. — Cet article indique que le crime de magie était un de ceux qui se produisaient le plus souvent à Bordeaux : *avinguo se a Bordeü et asso plusors de bets.....* — Les enchanteurs avaient pour habitude de déterrer les enfants *aubés,* pour leur couper le bras et leur mettre dans la main la lumière enchantée, grâce à laquelle ils forçaient les maisons, frappaient de stupeur ceux qu'ils voulaient voler, les obligeaient à leur donner la clé de leur argent et leur ôtaient la mémoire. — C'est ainsi du moins que procédèrent « *aucunas gents de nuits* » qui étaient venus à *Saint-Miqueu*, et qui furent « *traginats et penduts.* » — On appelait *aubés (aubats)* les enfants qui avaient reçu l'aube, petite robe blanche dont on les revêtait au moment de leur baptême. — Au XVIe siècle, les plus grandes rigueurs étaient encore déployées contre les sorciers. — On peut consulter, à ce sujet, les curieux et bien tristes ouvrages du conseiller Pierre de Lancre. — Nous nous bornerons à indiquer les titres plus qu'extraordinaires de ces prodigieux vestiges de l'ignorance et de la crédulité passées : — 1° *Tableau de l'inconstance des mauvais anges et démons, où il est amplement traicté de la sorcelerie et sorciers,* etc., par P. de Lancre, conseiller du Roy au Parlement de Bordeaux (Paris, 1612). — avec cette épigraphe : *Maleficos non patieris vivere.* — 2° L'*Incréduli t et mescréance du sortilège plainement convaincue, où il est amplement et curi e sement traicté de la vérité ou illusion du sortilège, de la fascination, de l'attou chement, du scopelisme, de la divination, de la ligature ou liaison magique, des apparitions, et d'une infinité d'autres rares et nouveaux subjects* (Paris, 1622). — 3° *Du sortilège, ou il est traicté s'il est plus expédient de supprimer et tenir soubs silence les abominations et maléfices des sorciers que les publier et manifester, — s'il y a quelque chose de véritable en ce qu'on dict des sorciers, ou si ce n'est que prestige ou illusion, — et s'il y a point quelque remède contre les charmes et enchantements, avec une infinité d'autres notables discours sur ce même sujet ; — Livre très utile, dans lequel il ne se trouve que des opinions chrestiennes, et ce que les saincts décrets en ont déterminé,* etc.... (Paris, 1627). — Les titres suffisent à démontrer la folie de ces élucubrations. Verduyn n'était pas plus dément lorsqu'il traitait savamment la question de savoir « *si la résurrection d'un mort annulait le testament qu'il avait fait avant de décéder ?* » question à laquelle il répondait en émettant l'avis qu'en ce cas « *les héritiers devaient restituer au moins la moitié de la succession.* » (G. Brunet, *Act. Acad. de Bordeaux,* 1851, p. 443.) — Heureusement que, dès le XVIIe siècle, quelques hommes éminents donnaient déjà l'exemple de la modération et la preuve d'une clairvoyante sagesse. — On pourra rapprocher des livres de P. de Lancre l'*Arrêt des esprits,* inséré dans les *Remontrances* de messire André de Nesmond, premier président au Parlement de Bordeaux (1617). Les motifs de cet *arrest,* sous forme de dissertation (p. 518-623), sont, en plus d'un passage, dignes de ce chapitre de Montaigne où, émettant tous ses doutes à l'endroit des sorciers, il disait : « *Ma créance ne se manie pas à coups de poing... et ne suis pas homme qui me laisse guere garroter le jugement par préoccupation.* » (*Essais,* liv. III, ch. XI.)

(3) L'art. 46 donne un exemple de violation de sépulture et un autre de violation de lieux saints. « Furent également traînés et pendus, dit cet article, des maçons qui avaient déterré, pour lui prendre sa chape, un chanoine de Saint-Andriu. » — « Un homme de Saint-Paul..... se cachait dans les églises, et volait la nuit les chandeliers et tout ce qu'il pouvait trouver, etc. »

(4) Art. 41. « *Tot home o fempna quis'gita o se met en desperacion, cum de renegar sa ley o se ausi de glady o se pen, o se gita en aygua, o sauta de tor o de maysson o de autre loc per fin aussire, que nulha franquessa de terra no los vau; auts pert lo cors et los bens ayssi cum dessus es deyt en autre loc.* »

(5) L'art. 41 (ci-dessus) a déjà prévu le cas d'apostasie : « ..... *cum de renegar sa ley......* » — L'art. 27, en traitant de ce que nous pourrions appeler les peines afflictives et infamantes, indique ainsi le crime d'hérésie : « *si es tretge* » (s'il est hérétique). — Au XIIIe siècle, si l'on s'en rapporte aux termes d'un règlement des Frères-Prêcheurs ou Dominicains, « les hérétiques qui s'étaient rendus en quelque manière indignes d'indulgence, et qui toutefois se soumettaient à l'Église, devaient être *enmurés* à jamais; mais comme *le nombre en était si grand qu'il était impossible de bâtir des prisons pour tous*, on dut les laisser en liberté, sauf que, s'ils méritaient quelque nouvelle rigueur, ils étaient livrés aux juges séculiers, et brûlés. Encore en 1544, la Chronique fait mention du supplice *de plusieurs accusez et convaincus d'hérésie.* » — Heureusement que Montesquieu dira plus tard « qu'il faut faire honorer la Divinité et ne la venger jamais. » (*Esprit des Lois*, liv. XII, ch. IV.)

(6) La peine de mort était aussi prononcée comme châtiment d'un crime dont la répression procédait également de l'idée de vengeance divine. Nous voulons parler du *pecca contra natura* dont s'occupe l'art. 40.

(7) Bertauld, *loc. cit.*, p. 93.

(8) Bertauld, *loc. cit.*, p. 95.

(9) Quintilien a dit, avec la sagesse romaine : « *Omnis pœna non tam pertinet ad delictum quam ad exemplum.* » — Cette pensée, le code des Gentoux la rend ainsi, dans la langue imagée des Brames : « *Le châtiment est le magistrat; le châtiment inspire la terreur; le châtiment est le conservateur du peuple; le châtiment est le défenseur contre les calamités; le châtiment est le gardien de ceux qui dorment; le châtiment au visage noir et à l'œil rouge épouvante le coupable.* »

(10) Quelle que soit la juridiction; quand les Coutumes parlent du juge, elles l'appellent toujours : *lo senhor.*

PAGE 13.

(1) Art. 27 : « *Quant hom contrafeyt la moneda de prince, o son saget, o leva armas en contra lui, o venga am sons enemics per empresa feita.....* »

(2) Art. 27 : « *Si lo pana son tresaur (deu senhor)*; *o ly barreya*, *o n'es conssent; o l'aucis luy o son herêtey*,... *o si aquerit la molher de son senhor per adultery o per faytilhas.* » — Art. 31 : « *Tot hom qui usa de juridiction sens voluntat deu senhor.....* » — Et art. 44 : « *Tot hóm o fempna qui deffey justicia deu senhor et la torba o la pana, comet crim de lesse-majestat*, etc..... »

(3) « *En degun tems no tengua offici de la vila* » (art. 29). — « *Pert sa franquessa et sa libertat et son privilegi.* » (Art. 27.) — « *La creatura no deu portar lo peccat deu payre ni de la-mayre, si donc no es crim de lesse-majestat.* » (Art. 52.)

(4) Art. 27.

(5) Art. 42. « *Quant un notari o cartolari... etc.....* » — C'est ici le lieu d'indiquer que les notaires « dataient leurs actes par le nom du Maire de Bordeaux, comme autrefois les Romains par le nom des Consuls. » Ce n'était point parce que les Maires avaient droit de juridiction dans le lieu de l'acte, mais parce que le notaire tenait d'eux son autorité. (*Ms. de Wolfenbuttel*, p. 22.)

(6) V. les art. 1 , 2 , 3 , 13 , 19 , 20 , 22 , 23 et 39.

(7) « *Si aucun home o fempna treyt cotret, o spada o aucun ferrament smolut..... guatgera* lxv *souds...* »

Page 14.

(1) C'est, du moins, ce qui semble résulter des termes de l'art. 1, malgré leur contradiction avec ceux de l'article précédent : « ... *Si una persona que sia borgues bat, am ferramen, aucuna otra persona que sia borgues, se guatga* xv *souds..... essi es am ferramen esmoud, se guatga tres cent souds.....* »

(2) A une exception près : « *sino que sia deus huls en sus.* » (Art. 1.)

(3) « *Que se fey de nuits, si es feyta a l'ostau deu clamant.....* » (Art. 2.) L'art. 19, en reproduisant cette disposition, donne cette raison de la sévérité de la loi dans le cas de blessures faites la nuit : « *Quar la nuyt es susspesonosa et noy a punt de luz.* »

(4) « *En tota plagua deu estre feita esmenda au plaguat...* » (Art. 1.)

(5) « *Costuma es et establiment a Bordeu que qui tou membre a home, atau membre diu perdre; et sy ly affolo que no s'en pusqua servir, estera à la merci deu Mager... etc...* » (Art. 20.)

(6) Art. 13 : « *Lo Majer o los Jurats deven guardar l'estat de las personas et la vita, et la fama, et lo mester...* »; et le coupable « *paguera lo mecge et tots sons jornaus, si es* (le plaignant) *home de mester.* »

(7) Même article.

(8) L'art. 59 ajoute : « *Asso fo ordenat antiquament per rasson que la villa ne era diffamada per los stranis qui an plus strenta ley en lors locs, que nos.* » Ce motif mérite l'attention à plus d'un titre, et en particulier parce qu'il implique que la Coutume de Bordeaux était une loi beaucoup moins étroite *(strenta ley)* et sévère que les lois et coutumes des pays étrangers.

(9) Art. 15 et 23.

(10) Art. 21 : « *Cum diu estre punhit qui ausy home.* »

(11) « *Quar murtre rescost* (le crime caché, secret) *es en sa maneyra plus horribla que autra.* » (Art. 49.)

PAGE 15.

(1) « *Si sostrey sa filha....* », dit l'art. 24. C'est bien du rapt dont il veut parler. — « *A forssados ni barreyados de molher de segle publicas, no bau ni for ni costuma* », dit l'art. 33. — Il s'agit alors de viol.

(2) Quand la femme était ce que l'art. 33 (ci-dessus) appelait une « *molher de segle publica* », c'est-à-dire une *femme commune*, ou une *arlotte*, le coupable évitait tout châtiment, « *si la bou prendre per molher spossa et la bou gitar deu peccat.* » (Art. 33.)

(3) « *Diu perdre lo cap cum trayador sens nulha merce.* » (Art. 21.)

(4) « ..... *Quant un orb, o un contreit, o truant, o questan* (un aveugle, contrefait, truand ou mendiant) *panen l'autruy enfant et lo yssorben o lo contrahen de sons membres per guadamhar et per querre lo pan am aumoynas, totz atau homes deven estre pendut et rossegat.* — [*Rossegat* vient du mot *rossin*; par lequel était désigné le cheval à la queue duquel le criminel était traîné. — D'après l'abbé Beaurein (*in* Lamothe, t. 1, p. 55), au XIIe siècle, le prix du *rossin* était de 5 livres.] — « *Lo vendador deu passa le medissa pena que lo comprador.* » — Le père pouvait cependant se défaire de son enfant, « *per sa grand necessitat o per sa paubreira.* » Il pouvait aussi le donner en gage *(en penchs, pignus)* « *per preyson de son cors.* » — Mais jamais il ne pouvait le vendre pour qu'il subît quelque mutilation, « *quar natura humanau no vou ni pot sostenir lo deffassament de sa creatura.* » (Art. 43.)

(5) « *Fo jutgat que corros la vila.* » Dans un ouvrage très-curieux, publié, en 1615, par Vernoy, et intitulé : *Plaidoyers et actions graves et éloquentes de plusieurs fameux advocats du Parlement de Bourdeaus* », on trouve (p. 197 et suiv.) un mémoire extrêmement remarquable qui prouve que l'usage de *faire courir* un homme par les villes ou les campagnes ne s'était pas perdu au XVIIe siècle, et que

c'était parfois le mode par lequel la justice populaire punissait certains ridicules conjugaux. Le titre seul de ce plaidoyer, écrit dans la langue de Montaigne par M. de Matisson, suffira à l'établir. Il fut prononcé « *pour quelques paysans de la paroisse de Colegnes, en la juridiction d'Eguillon, qui auoyent assisté avec une grande multitude de peuple à une cérémonie qu'on appelle cource et chevauchement d'asne, en haine d'un homme qui s'estoit laissé battre à sa femme, et s'estoit plaint avec elle de l'affront qui luy avoit esté fait.* »

(6) La Chronique mentionne encore, sous la date du 24 janvier 1570 (près de trois siècles plus tard), le procès d'un conseiller de la Cour, qui « ayant surprins sa femme en adultère dans le lict marital, tua en mesme instant et la femme et l'adultère. » Il fut acquitté « et luy remis en son honneur et dignité. »

(7) Art. 29 : « *Per dire mau de la communia, o deu senhor, so es assaber deu Rey o de sos ministres, Senescaus, o Mager et Jurats.* »

(8) Art. 37.

(9) La Coutume donne de cette disposition une raison bien singulière : « *Costuma*, dit-elle, *et usatgé es en la bila de Bordeü que nulhs hom nos' pot apperar barreyat, ni' raubat de jorns; et la rasson es que de jorns tot lo mont ac pot veder et pot hom cridar biaffora, ajuda...* etc... » — Ainsi, le jour, que chacun se défende, qu'il crie au secours et qu'il se saisisse du voleur ! — Cette idée que l'individu ne doit être très-sérieusement protégé par la loi que durant la nuit, nous l'avons déjà trouvée en matière de coups et blessures. Nous la verrons se produire aussi relativement au crime d'incendie.

(10) Art. 17. — Si le vol était commis au préjudice du seigneur, le coupable était pendu. (Art. 24.)

(11) Art. 38. — Le propriétaire devait produire deux ou trois témoins dignes de foi.

(12) Art. 18. — Dans ce cas, le détenteur déterminait par serment son prix d'acquisition.

PAGE 16.

(1) Même article.

(2) Art. 15, 16. —

(3) Art. 33 : « *Tot barreyador o brisador de hostaus de nuyt, pres sus lo feyt, o seo-seguen ab lo barrech, etc......* »

(4) Art. 134. — V. aussi art. 53.

(5) Plusieurs articles, notamment les § 12 et 126, parlent du duel judiciaire

comme d'une espèce de preuve ; mais, au XIVe siècle, on n'y avait guère plus recours que dans quelques cas de meurtre. — Les frères Lamothe ont donné, à la fin du second volume de leur ouvrage (p. 313 et suiv.), un très-curieux formulaire des combats judiciaires à Bordeaux au XIIIe siècle.

(6) C'est l'art. 32 qui s'exprime ainsi. Les cas où il indique la poursuite d'office étaient : « *Si lo hom o ly malifaitor a usat tal cas far* (il s'agit de vol) *o de maleficis far, o si es diffamat* (perdu de réputation), *o sy es pres estat plusors de bets per autes crims, que en aquet cas lo senhor pot anar abant per son offici.* »

PAGE 17.

(1) Art. 177 : « *Costuma es en Bordalés entreus Barons, que no deven estre arrestats.... si pot dar fidanssas segurtats d'estar a dreyt.* »

(2) V. l'art. 48, qui énumère les cas où le seigneur sera puni comme coupable de félonie vis-à-vis de son sujet (*sotsmes*). « *Quant aucun jutge forfeyt en aucuns d'aquets cas, si es Baron pert sa senhoria et los bens et lo cors, a la voluntat de nostre senhor lo Rey....* » Et la Coutume donne cette raison de la rigueur exceptionnelle avec laquelle sont punis les juges, prévôts, maires, châtelains, barons, tous ceux enfin qui ont juridiction (*jus discendi*) : « *Car tota atau maneyra de gen son mès per guardar et per guobernar, no pas per estre gobernats.* » Aussi sont-ils « *autant o plus acupats et condampnats cum lo sotsmes.* »

(3) Art. 55 : « *Sy lo senhor en quau senhoria sera pres, et requerit per autre jucge que ly remeta, lo senhor no es tingut de remetre, mas que se deu offerir de far dreyta tots querelhants segont lo for et la costuma de la terra.* » Et la Coutume ajoute : « *Car en Bordalés no a punt de remission.* » — V., comme preuve de cette maxime, l'art. 4.

(4) Art. 63 : « *Si lo jutge a mès mos bens a sa man per que venguy a dreyt per dabant lui, que min vingut, ed deu hostar sa man.* »

(5) C'est ce qui ressort d'un arrêt du Sénéchal, rendu en l'année 1291, et rapporté par la Coutume (art. 45). — On peut remarquer la forme, encore en usage aujourd'hui au Palais, dans laquelle cet arrêt confirma le jugement du Maire dont il avait été fait appel : « *que ed era ben stat jutgat et mau apperat et fo aqui proat lo dreyt jutgament...* » — Nous avons dit, du reste, que la liberté sous caution ne pouvait être accordée que dans certains cas. — Ainsi, en matière de coups et blessures, si les jours du blessé étaient menacés, l'art. 4 décidait que l'accusé ne pouvait être élargi qu'alors seulement qu'un médecin avait affirmé par serment qu'il n'y avait plus danger de mort pour le plaignant, et que celui-ci pouvait sans inconvénient manger de la viande et boire du vin.

(6) Art. 51. — « *Quar la preyson deu senhor es guarda et segurtat ad aquets qui dedints habitan.* » A moins pourtant que le meurtrier ne fût lui-même enfermé

pour crime de lèse-majesté. Dans ce cas, en effet, il passait en jugement pour ce fait avant d'être condamné pour meurtre.

(7) On ne sait rien de précis sur le régime intérieur des prisons vers l'an 1300. Le *Livre des bouillons* nous apprend seulement que le portier du château de l'Ombrière percevait, pour chaque baron arrêté, cent sous; vingt pour chaque cavalier ; cinq pour chaque écuyer, et douze deniers pour toute autre personne. — Mais, au XVIe siècle, ce régime était, à ce qu'il paraît, d'une extrême douceur. On peut lire, à ce sujet, dans les *anciens Statuts de la ville et cité de Bourdeaus* (1612), le chapitre intitulé : *Du portier de la maison commune de la ville et cité de Bourdeaus* (p. 44 et suiv.).

(8) On suivait, en matière d'incendie, une procédure singulière, en ce que, lorsque l'enquête à laquelle étaient appelés tous les habitants de la paroisse, hommes et enfants (âgés de plus de douze ans), n'avait pas abouti à la découverte du coupable, lesdits habitants étaient solidairement tenus à l'amende et à la réparation du dommage; et, si les ressources de la paroisse étaient insuffisantes, les deux ou trois paroisses voisines étaient tenues de contribuer à cette réparation civile. (Art. 16.)

(9) « *Per dos testimonis de la comunia.* » (Art. 1, 39.) — « *Gents dignes de fe et no suspecionosas.* » (Art. 33.) — Dans aucun cas, l'individu âgé de moins de douze ans ne pouvait être entendu (par argum. tiré de l'art. 16). — En matière d'hérésie, « à cause de l'énormité de ce crime, on devait cependant admettre, pour convaincre les accusés, le témoignage des malfaiteurs, des *infâmes* et de tous ceux qui ne déposaient pas en justice. » (Fleury, *Hist. ecc.*, t. 17, l. 80.)

PAGE 18.

(1) C'est ainsi qu'aux termes de l'art. 6, en matière de meurtre, les témoins devaient jurer « *qu'ils avaient été présents et voyants quand l'accusé avait frappé, blessé, et tué sa victime ; qu'ils avaient suivi à la piste (seg-seguent) ledit accusé sans le perdre de vue (sens perdre de vista) ; qu'ils l'avaient arrêté, et, enfin, qu'ils l'avaient déposé dans la prison du juge.* » — V. art. 170 (adultère). — V. art. 18 (vol) où les témoins sont appelés « *vistos* », etc...

(2) Art. 66 (in fine) : « *Costuma es en Bordalés que las molhers no poden portar testimoniatge.* »

(3) Art. 47 : « *Senhor no pot estre senhor et partida en nulh cas que sia.* »

(4) Nous lisons, en matière de coups et blessures, à l'art. 1, que quand la peine ne doit pas être supérieure à une amende de 15 livres, le serment se fait *sobre lo plan*. — Les art. 120 et 215, en matière civile, nous apprennent aussi que le serment du tenancier sur le montant de la rente, et le serment du tenancier accusé d'avoir rompu les panonceaux du seigneur, se prêtaient *sobre lo plan*. — Que si-

gnifie cette expression ? Nous sommes très-disposé à accepter l'étymologie qu'en donnent les frères Lamothe (Cout., p. xxi , note 12), et à n'y voir que la traduction romane du *de plano* ; d'autant plus que , dans un texte que nous avons déjà rapporté, nous avons vu que le Prévôt de l'Ombryère devait juger « sommèrement et *de plain* et sans longue figure de procès. » — Le serment *sobre lo plan* était donc pur et simple. — En matière civile , il y avait, du reste , quelques autres serments. (V. Lamothe, *Cout.*, 1. p. xxi.)

Quant au serment *sobre lo for Sainct-Seurin*, voici ce qu'on en peut conjecturer. — Tout le monde sait à Bordeaux quelle vénération entoure encore le tombeau de saint Fort, déposé dans la chapelle souterraine de Saint-Seurin (V. *Musée d'Aquitaine*, 1 , p. 213, avec 5 planches) : « Tous les ans, quand le mois de mai nous ramène la fête du saint, les mères ou les nourrices d'enfants cacochymes viennent en foule visiter ce monument religieux. Elles font neuf fois le tour du tombeau, et, à chaque tour, elles passent légèrement sur la pierre sépulcrale l'enfant chéri dont l'état maladif les inquiète. » (Jouannet. *Mus. d'Aquit.*) — Au premier abord , on pouvait donc croire que le *fort Sainct-Seurin* dont parlent sans cesse nos Coutumes était le tombeau de saint Fort déposé à Saint-Seurin. — Mais quand on remarque que l'existence de ce saint est plus que douteuse, que la légende ne dit rien de sa vie, que ses actes ne figurent dans aucun martyrologe, on doit rechercher, comme l'ont fait et l'abbé Beaurein et les frères Lamothe (Cout. 1, p. xxi, note 13), quel était donc ce *fort Sainct-Seurin* du XIIIᵉ ou du XIVᵉ siècle, dont l'ignorance et la crédulité publiques ont fait depuis un saint vénéré. — Un acte du 12 janvier 1325, découvert par le patient abbé Beaurein et rapporté par les frères Lamothe, vient donner le mot de cette énigme « *super forte* (y est-il dit), *seu virgam Sancti-Severini, Burdigalæ.* » Le *fort Sainct-Seurin* était donc le bâton pastoral (*virga*) de Saint-Seurin. Qu'est-ce que cette relique est devenue ? — Qu'est-ce surtout que le tombeau de saint Fort ?....

(5) Art. 29 « ...... *faus testimonis......* »

(6) C'est ce qui avait lieu en matière d'assassinat (art. 35). — On peut présumer que l'interrogatoire sur la sellette et même la question pouvaient être également ordonnés dans ces cas où la poursuite d'office était admissible (art. 32), et aussi quand le plaignant était un étranger , afin que « *la vila no sia diffamada* »

(7) Art. 33. — « Le cadavre de la victime sera porté à Saint-Eloi..... La raison en est que, si c'est un étranger, il puisse être reconnu, pour qu'on apprenne s'il avait quelque ennemi ou si, ayant maison ou boutique en ville, il a pu être tué à cause de son bien. — Si le cadavre était celui d'un bourgeois, la même exposition avait lieu, et cela dans le double but que quelque plainte s'élevât contre l'assassin, et que chacun pût prendre leçon et se mettre à l'abri. »

(8) Même article. — Lamothe, *Cout.*, I, note sous l'art. 33. — Cet article indique cependant un cas qui entraînait contre le bourgeois déchéance de sa franchise et liberté, c'était le cas où il était accusé de plusieurs crimes.

(9) Art. 52. — Il faut remarquer qu'aux termes de cet article , le juge ne devait

pas faire examiner par des matrones si la femme était enceinte ou non, « *per lo barat que poden far* », parce que la fraude et l'erreur sont possibles. Il devait se décider uniquement d'après ce qui lui paraissait vrai, « *segont la bertat ed deu procedir.* »

(10) Art. 226.

(11) Art. 34 : « .... *Lo qui no ven a dreyt es alent et conogut; quar semblant es qui no ausa venir a dreyt, que sia copables.* » — V. aussi art. 9 et 11.

(12) De quelque manière que le défendeur ait été appelé en justice, s'il ne comparaît pas au jour indiqué, il est déclaré défaillant et condamné. — Il faut seulement que les débats aient été déclarés clos (*que lo procés sia enclaus*) et que le défaillant ait été couché sur le registre des condamnés (*mes en scriut au paper mortau*); car, jusques à la dernière minute, il a pu valablement se présenter en justice (*quar tostemps es ahora de venir a dreit*). — (Art. 36). — Peu importe, d'ailleurs, nous le répétons, le mode de citation; — ainsi l'art. 8 suppose que la citation lui ait été donnée à son de trompe dans la ville : « *Si lo senhor lo fei publicar et cridar am trompas que vengue prendre dreit...; »* — l'art. 10 suppose qu'il ait été mis en liberté provisoire, à la charge de se présenter à jour fixe :... « *Si es balhat en comanda et nos' presenta au jorn assignat;* » — l'art. 12 prévoit le cas où, appelé en duel judiciaire (*aperat de batalha*), il fait défaut; — les art. 9, 34 et 226 assimilent au défaut l'évasion du prisonnier : s'il est repris, il ne doit pas être écroué de nouveau, mais le juge doit prononcer contre lui la peine de son crime, *cum de atent et conogut deu feyt;* — enfin l'art. 7 déclare convaincu, comme défaillant, tout prévenu qui, malgré l'ordre du juge et l'assurance d'un sauf-conduit, refuse de sortir de l'église ou *sauveté* où il s'est réfugié, et de comparaître en justice (*fora de la gleisa, o de segrat o de saubetat*). — Avaient droit de refuge vers la fin du XIIIe siècle : — 1° l'église Saint-André (*gleissa* ou *gleisa*) ; — 2° le chapitre de Saint-Seurin (*in salvietate Sancti-Severini*); — 3° l'abbaye de Sainte-Croix (*in salvietate Sanctæ-Crucis*, d'après les termes d'un exporle de l'an 1257). — Ducournéau, *loc. cit.*, p. 79, fixe les limites de l'étendue de chacune de ces *sauvetés;* c'étaient les mêmes que celles de leurs juridictions réciproques. — Outre l'asile inviolable qu'y trouvaient les criminels, ces *sauvetés* assuraient encore à leurs habitants de notables avantages : ils y étaient exempts de toute charge publique, y exerçaient leur métier sans lettre de maîtrise, n'y payaient aucun droit sur les vins, etc..... — La puissance des abbés de Sainte-Croix datait de la fin du Xe siècle. Une charte du duc Guillaume leur assurait, dès cette époque, « *salvitatem illius loci, et allodium liberum et cum justiciâ sanguinis omnes consuetudines* »; — 4° l'hôtel de Solers, situé à côté des hôtels des Colomb et des Calhau, dans la rue Neuve (*arrua Neba*). — Il avait une chapelle et une prison. — Encore au XVIe siècle, le droit de franchise de l'*hostel du Soley* était reconnu et proclamé « *tel que s'y ung homme a faict ung cas ou crime par quoy il doibve perdre franchise, et s'il entre dans le dict hostel, et requerre franchise, n'est permis à nul officier du Roy ou de la ville ne a autres de prendre le dict malfacteur, ne le tirer du dict hostel, tant qu'il sera dedans iceluy* »; — 5° et, enfin, les possessions de l'archevêque, auxquelles le droit de *sauveté* fut accordé par le Roi Jean.

PAGE 19.

(1) *Sobre lo plan.* Nous nous sommes déjà expliqué ci-dessus sur la valeur de ces expressions.

(2) Art. 14 (meurtre), 19 (coups et blessures), 34 (principe général).....

(3) Cette ordonnance est rapportée à la fin du 2e volume des Coutumes des frères Lamothe (p. 425 et suiv.).

(4) Art. 1 et 235.

(5) Voici le texte de cet art. 236 : « *Costuma es en Bordalés que per nulh crim ni comés los bens no-mobles no encorrent punt, ni se confisquen ; ni ausdeyt bens no-mobles no a confiscation ni encorament, segont las costumas et usatge de la terra.* »

(6) Art. 21 : « ... *Sy un hom ausy un autre..... de tot atau home lo moble es au Rey et la terra au plus près parent deu linatge ; si no a heretey, lo moble et los aloys sont deu Rey, et los feus deu senhor deu feu, la molher et las deutas paguadas.* » — V. art. 50 ; — v. aussi art. 84 « *deus dreyts que lo Rey a sobre los aloys.* » — Le *Roi*, ce n'est pas, bien entendu, le Roi de France, c'est le Roi d'Angleterre, « *notre senhor lo Rey d'Anglaterra, duc de Guiayna,* » disent les Coutumes. — Le principe de la *non-confiscation* fut d'ailleurs, en 1350, proclamé par un édit du Roi Jean au profit de la noblesse de Guyenne, à laquelle il fut octroyé, dit la *Chronique*, « *que pour quelque crime que ce soit, voire de lèze-majesté, si ce n'est au premier chef, il n'y pourra escheoir confiscation des biens.* » — La trahison était un crime de lèse-majesté au premier chef ; c'est pourquoi, en 1376, Guillaume de Pomiers, vicomte de Fronsac, ayant été décapité en même temps que Jean de Coulomb, bourgeois de Bordeaux, comme « convaincus d'être partisans des Français, la vicomté de Fronsac fut confisquée au Roy. » (*Chronique,* ann. 1376.)

(7) Nous avons déjà dit que la peine capitale était encourue pour meurtre, aux termes de la *Chronique* (ann. 1314); la disposition suivante se trouvait cependant « *entre plusieurs statuts qu'on gardoit estroittement en ce temps à Bourdeaux : — Que le mary, lequel transporté de colère, ou de l'impatience de la douleur (comme communement les conseils des François sont prompts et soudains), tue sa femme, pourvu que solennellement il jure en estre de bon cœur repentant, il sera exempt de toute peine.* » — Qu'est devenue cette exception ? Les anciennes Coutumes n'en font aucune mention. — Dès le milieu du XIVe siècle, elle devait ne plus exister déjà.

(8) Art. 17.

(9) Art. 26.

4

Page 20.

(1) On trouve dans la *Philippine* de 1295 la première indication de cette formalité : « que toutes-fois lors qu'il est question d'une sentence de mort, donnée par lesdits Maire et Jurats, ores qu'elle soit confirmée par la Cour de Parlement, il n'est loisible de l'exécuter, que par préalable le condamné ne soit mené sur une charrette au deuant le Palais royal de Lombrière, siège du Parlement, et illec ait esté crié par un sergent à haute voix par trois fois : Prevost de Lombrière ! et ce fait, sans attendre autre response, ladite sentence est mise à exécution. » — A s'en tenir à ce texte, il semblerait que l'usage de présenter le condamné au Prévôt de l'Ombrière n'existât que lorsque la sentence émanée du Maire et des Jurats était confirmée par ce qui était alors la Cour du Parlement, c'est-à-dire la Cour souveraine, à savoir, cells du Sénéchal de Gascogne. — L'art. 25 des Coutumes paraît cependant étendre à tous les cas cette formalité : « *Costuma et usage es que nulha justicia de mort nos' deu far si no que sia presentat lo malifeytor au Prebost de l'Ombreyra, per notre senhor lo Rey, a beder far la justicia.* » — *Nulha justicia de mort,* ces termes ne sauraient être ni plus formels ni plus généraux. — Vers la fin du XVIIIe siècle, les frères Lamothe nous apprennent (*Cout.*, I. xv, note 19) qu'un huissier se transportait encore pour la forme au-devant de la porte du Palais, et y appelait par trois fois le Prévôt de l'Ombrière, quoique sa charge fût éteinte ou supprimée depuis longemps. — Il fallait seulement alors que la sentence ait été rendue en dernier ressort par le Présidial ou le grand Prévôt.

(2) L'exécuteur des hautes-œuvres s'appelait *le roi des Arlots* (ou *Harlots*) (art. 26), parce qu'il avait l'inspection des malheureuses filles que la Coutume appelle, à l'art. 33, *molhers de segle publicas,* et qui, paraîtrait-il, se nommaient, en vieux anglais, *harlots.* — Celles-ci habitaient dans une rue fort étroite (*in ruâ strictâ*), dite rue des Arlots (*rua deûs Harlots*), et qui porte aujourd'hui le nom de rue de la Monnaie, après s'être longtemps appelée la rue Anglaise. (Bernadau, *loc. cit.,* p. 308.) — Par délibération de l'assemblée générale des bourgeois qui se tint en 1411, il fut décidé (V. *Chronique bourd.*), que les arlottes « seraient marquées d'habit différent à celuy des honnestes bourgeoises. » — Qu'on leur imposât cette ignominie, la raison l'admet et la prudence le conseillait peut-être. — Mais combien plus triste et plus inique était cette défense faite aux *gahets* d'entrer en ville sans une marque de drap rouge sur la poitrine ! (Venuti, *Recherches sur les gahets de la ville de Bordeaux.*) Quoi qu'il en soit, le roi des Arlots était choisi parmi les criminels. Le condamné qui acceptait les fonctions de bourreau pendant un temps déterminé, était gracié. — Il recevait en outre, au XVe siècle, cinquante livres de gage, sa livrée, un lit de quatre francs, deux couvertes et quatre draps de lit.

(3) Dans quelques cas, d'autres peines capitales pouvaient être prononcées. C'est ainsi que le meurtrier devait être enterré tout vif soûs le cadavre de sa victime (*sera rebost tot viu de sotz lo mort.* Art. 21), et que l'homme (dont parle l'art. 46) qui avait volé la nuit dans les églises, fut condamné à *pendre par la gueule* (*a pendre per la guola*). Mais le premier de ces supplices n'était guère pratiqué ; et

quant au second, il fut changé en la peine de la noyade, à la prière de grands seigneurs qui s'intéressaient au coupable (*mas à las pregarias de grans senhors fo
neguat*). — Au XIIIᵉ siècle, la décapitation était exclusivement la peine des gentilshommes. Aux termes de l'art. 24 des Coutumes, c'était cependant le châtiment
de quiconque détournait (*sostrey*) *la filha* (*deu senhor*), *o la noyrissa, o sa neboda,
o sa recomandada.* » — « *Tot hom atau es traydor,* ajoutait l'article, *et diu perdre
lo cap cum traydor sens nulha merce.* — Faut-il induire de cés termes que la décapitation était aussi prononcée en matière de trahison ? — Quoi qu'il en soit, après
la conquête, lorsque Louis XI confirma les bourgeois de Bordeaux dans leurs franchises et privilèges, il fut établi que les bourgeois condamnés à mort auraient les
honneurs de la décapitation comme les gentilshommes. — L'exécution avait lieu
sur une place qui s'étendait non loin des fossés des Tanneurs (*foussats daus pelys*),
devant l'église de la Visitation, place appelée *du chauf-neuf* à cause d'un échafaud
d'abord en bois, puis en pierre, qui y subsista jusqu'au XVIIᵉ siècle. (Bernadau,
loc. cit., p. 281.) — Sur la contestation qui s'éleva en 1276 entre le Sénéchal de
Gascogne et l'archevêque Simon de Rochechouart, l'archevêque, en recevant la
connaissance des délits qui pouvaient être la matière d'un péché (sacrilèges, par-
jures, adultères, etc...), eut aussi la faculté de demander la grâce d'un condamné
à mort. Cette grâce devait lui être accordée.

(4) On se rappelle que, suivant l'art. 17, la perte de l'oreille était encourue pour
récidive de vol. — Cette peine était également prononcée dans certains autres cas.
— Le talion était ordonné en matière de coups et blessures quand la victime avait
perdu un membre (art. 20).

(5) L'art. 36 édicte une disposition fort sage assurément : « *Costuma et usatge
es et ayssi ordonneren los savis antiquament, et ayssi es accoustumat et guardat
et deu estre per tot temps, que nulhs hom no deu ni pot estre banit sens clamor
ni sens procés, si no que sia atent et conogut deu malifeyt.* » — Le *forbanit* qui
essayait de « *defforbanir* » (art. 28), c'est-à-dire de rompre son ban, était mis à
mort. Il y eut, au XVᵉ siècle, un grand exemple de cette pénalité. En 1455, dit la
Chronique de Delurbe, « le seigneur de Lesparre (qui avait fomenté la révolte à
Bordeaux trois ans auparavant, et avait provoqué le retour de Talbot), estant re-
tourné en France contre la sentence de son bannissement, est prins et exécuté à
mort à Poitiers, et ses biens confisqués au Roy. » — Une fois le bannissement prononcé, le nom du banni était inscrit sur un registre spécial, *lo papey deus banits.*
A ce propos, nous ferons remarquer que les Coutumes mentionnent un certain
nombre de registres qu'il serait bien utile aujourd'hui de pouvoir consulter, mais
qui ont disparu. — Ainsi l'art. 150 parle du registre du Prévôt de Bordeaux (*es
escriu,* dit cet article, *au papey deu Perbost*). — L'art. 36 parle du registre de
la Cour de Saint-Eloi (*lo paper de la Cort*) en même temps que du livre des bannis, lequel paraît être le même que ce *paper mortau* ou *paper deus morts,* sorte
de registre des morts civils dont s'occupe l'art. 28. — Quoi qu'il en soit, les particularités que révèle l'art. 36 relativement au *papey deus banits* sont extrêmement curieuses. — Le bannissement n'était définitivement encouru qu'après la clô-
ture des débats et l'inscription du nom du banni sur le registre à ce affecté (*entro
que lo procés sia enclos et mes en scriut au paper mortau*). — La raison pour la-

quelle il ne suffisait point que la mention de la sentence ait été couchée sur le *papier de la Cour*, c'est que ce registre étant d'écriture courante et ouvert à quiconque voulait en prendre connaissance, il aurait pu arriver que quelqu'un, poussé par la haine ou l'intérêt, y fît, au préjudice de tel ou tel, quelque addition coupable. — C'est par ce motif qu'il fut décidé qu'un registre spécial de condamnations (*paper deus morts*) serait tenu par la Jurade, scellé du sceau du Maire ou de son lieutenant, et déposé à la garde d'un jurat (ou peut-être d'un prud'homme assermenté), homme à toute épreuve, qui en serait dépositaire durant tout le temps de sa charge. — De la sorte, non seulement ce registre était à l'abri des faussaires, mais il était en sûreté contre les périls de la guerre civile et les fureurs des partis qui alors, comme toujours, dit la Coutume, déchiraient la cité. — Voici le texte fort intéressant de cet article 36 : « ..... *Quar lo paper de la Cort es manuau et quis bou y bey et garda, et per enamistat o per promessa poyre stre que hom scrigos que se borre, quart semblant cas no fo; et per so los antics ordoneren que fos agut un papey en lo quau se clagos lo procés, et agos nom lo papey deus banits, lo quo deu star sagerat deu saget deu Mager o de son loctenent et de dos jurats; et aquet papey estes en la guarda de un prodome jurat de bona conoyssensa et de bona cossiensa, tot son an, per rason deus perilhs et de la enamistat qui son et an stat tots temps en la villa de Bordeü entre las partidas.* » — Il est probable, du reste, qu'aucun des registres mentionnés par les anciennes Coutumes n'existait avant les premières années du XIIIe siècle. — Mais il n'est pas vrai de dire, comme les frères Lamothe ont essayé de le faire, que la première mention d'un registre quelconque se trouve dans un arrêt de 1344, rapporté par les Coutumes. — En émettant cet avis, ces auteurs oubliaient les art. 26, 58 et 150 dont la rédaction est certainement très-antérieure à cette date. (*Cout.* I, p. xix, note 8.)

(6) « ..... *Tot atau hom deu estre corregit per longua preison...* » (Art. 50.)

(7) *Traginat* (art. 46, etc...) signifie être traîné sur la claie; — *rossegat* (art. 43), être traîné à la queue d'un cheval. — Nous avons dit que c'était la peine des truands qui volaient des enfants.

(8) « *Far corre la villa am bonas glenas fendudas de fust, de Porta-Medoqua entroque au portau Sant-Julian.* » (Art. 26.) — La *porte Médoc* s'élevait à l'entrée septentrionale de la rue Sainte-Catherine. Elle a été démolie lors de la construction du Grand-Théâtre. — Le *portau Sant-Julian* s'élevait sur l'emplacement où Tourny a fait bâtir la porte d'Aquitaine. — Ce *portau* tirait son nom d'un prieuré bâti dans le voisinage, et qui a subsisté jusque vers la fin du XVIe siècle. — A l'extérieur s'étendait le faux-bourg des Gahets (Bernadau, *Viogr.*, p. 170, 326 et 339.) — La peine du fouet subsista jusqu'à la Révolution. Mais l'exécution eut lieu plus tard sans *course* préalable. — On trouve dans la *Chronique* de Delurbe (ann. 1570) l'histoire singulière d'une *fille de Benauges qui, dissimulant son sexe et ses habits, après avoir servy en façon de gouyat un laboureur quelques années, s'est mariée avec sa fille, et demeuré avec elle six moys; enfin, la fraude estant descouverte, ladite..... imposteresse fut condamnée à estre fustigée jusques à effusion de sang, et, ce fait, reprendre l'habit de femme.* »

(9) V. art. 17, 22, 23, 37 et 39.

(10) V. art. 29.

(11) Nous pouvons y ajouter l'*amende honorable* qui se faisait d'habitude devant le Maire ou la Cour de Saint-Eloi, et qui est plusieurs fois mentionnée dans les Coutumes. (V. notamment, en matière de coups et blessures, art. 13 et 23.)

(12) Sous la rubique : *Ordonnance de* 1670, M. Dupin fait, dans le discours que nous avons déjà eu l'occasion de citer, une peinture pleine d'horreur de l'atroce pénalité édictée par « *ce système d'intimidation, d'arbitraire et de cruauté.* » Aussi, le 3 nov. 1847, à la rentrée de la Cour de Paris, M. l'avocat-général Bresson pouvait-il dire de « *ce monument de la législation criminelle du beau siècle de Louis XIV* », « *qu'il attriste et qu'il étonne.* » (*Gazette des Trib.*, n° 6345.)

PAGE 21.

(1) « Durant six à sept mois, dit M. Henri Martin dans le 6e vol. de son Histoire de France, — d'août 1424 au carême de 1425, on ne cessa de représenter entre les charniers du cimetière des Innocents un lugubre mélodrame où toutes les conditions humaines, depuis le Pape, l'Empereur et la grande dame, jusqu'au dernier mendiant, entraient tour à tour, bon gré mal gré, dans une danse dont la Mort était le coryphée. » — V., du reste, la préface de la *Danse-Macabre*, par le bibliophile Jacob.

(2) C'étaient aussi des hérétiques. — Mais le fanatisme des bourreaux s'excuse presque à une époque où le fanatisme était partout et chez tous.

PAGE 22.

(1) *Chronique* (ann. 1356): « Le Roy Jean, après avoir esté vaincu et deffaict en la bataille de Poitiers, est mené prisonnier par le Prince de Galles à Bourdeaus, et logé en l'Archevesché. Laquelle encores pour lors, en mémoire de l'ancienne institution, portait, selon Froissard, le nom de l'abbaye Saint-André. Où, après avoir demeuré quelque temps comme en liberté, est mené en Angleterre. » — V. Froissard, t. I., c. CLXIX.

(2) Dom Devienne, *loc. cit.*, p. 61 et suiv.

(3) Dom Devienne raconte, p. 65 et 66, la singulière histoire de l'entrevue qu'eurent, dans la prison de l'Ombrière, le roi Henri de Transtamare, fugitif et déguisé, et du Guesclin, prisonnier des Anglais. — Cette histoire est-elle bien certaine ? j'en doute; — mais ce qui est bien certain (V. Froissard, t. I., c. CCXLIV), c'est la

façon toute royale dont Édouard, « ce Roy bienfaicteur des Bourdelois » (pour parler comme la *Chronique*), rendit sa liberté à son illustre captif. — Je ne sais rien de plus noble et de plus chevaleresque que l'assaut de généreuse fierté où le Roi et le capitaine se disputèrent l'honneur d'être le plus grand, — rien, sinon peut-être le trait de la princesse de Galles donnant trente mille florins d'or pour la rançon du plus dangereux adversaire de la couronne d'Angleterre. (V. Dom Devienne, *loc. cit.*, p. 67 et 68.)

(4) Le douzième article du traité de Brétigni (8 mai 1360) contenait même la renonciation du Roi de France à la souveraineté de la Guyenne.

Page 23.

(1) Dupleix (*Hist. de Charles V*) dit que le comte d'Armagnac, portant la parole au nom des seigneurs venus avec lui, et s'adressant au Roi, parla ainsi : « .... Maintenant que l'Anglais vient de vaincre, avec nos armes et pour notre malheur, les forces de la France, le prince de Galles, le plus fier de tous les hommes, ... nous accable d'impôts inouïs et insupportables, surtout à une nation libre. Il vient récemment d'en mettre un nouveau sur la Guyenne, qu'il appelle Fouage, et qui lui rapporte *un million et demi d'or par année*, etc.... »

(2) La *Chronique* nous a conservé (*anno* 1369) la teneur des Lettres patentes du Roy Charles, portant assignation au prince de Galles à comparaître à Paris devant la Chambre des pairs. — Ces lettres sont du 25 janvier 1369.

(3) « *Puisque votre Roi me mande à Paris, j'irai; mais ce sera le bassinet en tête, et soixante mille hommes en notre compagnie.* »

(4) Il s'était déjà emparé de Castillon, Libourne, Saint-Macaire, etc... (*Chronique*, ann. 1377.)

(5) Richard était né en 1367 ; il avait été tenu sur les fonts baptismaux par dom James et l'évêque d'Agen ; dom James était alors à Bordeaux pour solliciter le secours d'Édouard contre le Roi d'Aragon, maître de l'île de Majorque.

(6) « Les Bourdelois mènent grand deuil de la mort de Richard, roy d'Angleterre, natif de Bourdeaus, procédans si severement contre les suspects de sa mort, qu'après en avoir deschiré un des plus cruels tourmens, ils mettent son bras au haut d'une picque au devant du chasteau de Lombrière... » (*Chronique*, ann. 1368.)

(7) Dom Devienne, *loc. cit.*, p. 85.

(8) On appelait *febrion* cette sorte d'épidémie. Les religieux de la Mercy et les Chartreux firent de vains efforts pour arrêter les progrès du fléau. Ils ne purent plus bientôt lui opposer que leurs prières. La Jurade, en leur envoyant huit bois-

seaux de froment, lès chargea d'intercéder auprès de Dieu « *per que Dius beulha estremar a questa impedimia.* » (Ancien registre des délibérations, cité par Ducourneau, *loc., cit.,* p. 157.

(9) La famine *travaillait* déjà *le Bourdelois* en 1373. (*Chronique.*)

(10) Le siége du château de Budos présenta plusieurs particularités qu'il sera peut-être intéressant pour le lecteur de trouver indiquées ici.— Le château de Budos, dont on voit encore dans la Gironde les ruines imposantes, s'élève sur les bords du Ciron. (V. Notice de M. l'abbé Larrey, Mém. de la Commiss. des mon. hist., 1846, p. 80.) Lorsqu'en 1420, la commune de Bordeaux résolut de faire le siège de ce château dont le seigneur s'était révolté contre la domination anglaise, elle confia à Jean Gautier, officier de l'artillerie de la ville, le soin de fabriquer un canon formidable, et commanda à Podensac des boulets de pierre destinés à être lancés par cette pièce, qui fut appelée la *grande bombarde.* Ces boulets étaient, au dire de l'abbé Beaurein, du poids extraordinaire de 700 livres de balle. — On serait assurément tenté de tenir cette allégation pour inexacte, si, en démolissant le Château-Trompette, on n'avait trouvé, entre autres boulets de pierre, un projectile de soixante-seize centimètres de diamètre, ce qui, d'après le calcul de Jouannet (*Musée d'Aquit.*, 2, p. 278), lui donnerait un poids d'environ 782 livres. Ce boulet est conservé au Musée de Bordeaux. — La grande bombarde fut, avec deux autres pièces de plus petit calibre et leurs boulets, transportée par sept matelots dans une barque du port de dix-neuf tonneaux, en remontant la Garonne et son affluent, le Ciron, jusqu'à Budos. (*Ancien registre des délibérations de la Jurade.*) — Avec une telle artillerie, l'issue du siége ne pouvait être douteuse. Le seigneur de Budos se rendit aux jurats Vigoros Estève et Arnaud Miqueu, que la commune de Bordeaux avait placés à la tête de l'expédition.

(11) *Chronique,* ann. 1405.

PAGE 24.

(1) *Chronique,* ann. 1427.

(2) V. *Chronique,* ann. 1387, 1389, 1406 et 1444.— An 1387, le seigneur de Larochefoucaut pour la France, et Guillaume de Montferrand pour l'Angleterre, chacun assisté de deux cents chevaliers, ses parents ou alliés, combattirent avec un égal avantage. (Dom Devienne, p. 79.) En 1389, devant le duc de Lancastre, cinq chevaliers français joutèrent avec cinq chevaliers anglais en la grande place Saint-André. — En 1406, un duel véritable eut lieu sur la place de la Corderie entre deux chevaliers. — Enfin, en 1444, « duel est accordé et exécuté à Bordeaus devant le chasteau de l'Ombrière entre Bertrand de Castetja et Bertrand de Grimont, chevaliers. » — Ces combats singuliers attiràient un grand concours de peuple. Froissart assista au duel de 1389; — il en raconte curieusement les moindres détails (III, c. xlix et c. xxxix). Dans une société où les choses se passaient

ainsi, à la veille de grands ébranlements, ne peut-on point dire déjà ce qu'on a si bien dit de la société française au XVIIe siècle : « L'honneur, ce souffle expirant de la chevalerie, cette vertu d'opinion, ce sentiment qui vit surtout de l'approbation d'autrui et touche de près à la vanité, l'honneur tenait lieu de vertus plus solides. Il inspirait des actions d'éclat et quelquefois de nobles extravagances; faisait assaut de procédés jusque sur le champ de bataille, et offrait courtoisement sa poitrine au premier feu de l'ennemi. » (Considérations sur l'*Esprit des lois*, discours prononcé devant la Cour de Bordeaux, le 19 novembre 1846, par M. de la Seiglière, alors procureur général.)

(3) De 1445 à 1447, Bordeaux ne fut préoccupé que du conflit qui s'était élevé relativement au *padoüenage* de quelques marais entre le Captal de Buch et le Maire. — L'émeute populaire devint tellement sérieuse que le sang coula, et qu'Henri VI fut obligé d'intervenir de son autorité royale. Il commit un Tribunal spécial pour trancher le différend. Le Maire eut gain de cause, et le Roi consola le puissant Captal en lui donnant deux châtellenies.

(4) Pièce publiée en 1838 par M. Jubinal, d'après un ms. de la Bibl. de Berne. — Dans cette pièce, Christine de Pisan met Jeanne d'Arc « au-dessus d'Hector et d'Achille, au-dessus de Josué, de Gédéon, de toutes les femmes fortes de la Bible, et ne trouve que Moïse à lui comparer. » (Henri Martin, *Hist. de Fr.*, VI, p. 192.)

(5) V. *Chronique*, ann. 1451. — Dom Devienne, p. 89 et suiv. — Henri Martin, t. VI. — Cet historien distingué devrait bien écrire Blaye (qui se prononce : Blaille) et non pas *Blaie*.

(6) Talbot, comte de Shrewsbury, et lord Lisle, son fils, furent appelés par une sédition à la tête de laquelle étaient le sire de Lesparre et le seigneur de Duras, qui furent bannis.

(7) « Ne leur estoit loisible (aux Anglais) d'aller par ville si ce n'estoit après sept heures du matin, et à la charge de se retirer cinq heures du soir frappées. » (*Chronique*, ann. 1453.)

PAGE 25.

(1) Encore en 1451, le vertueux Pierre Berland, archevêque de Bordeaux, avait fait au peuple, en langue gasconne, la lecture de lettres royales qui annonçaient de prochains secours.

(2) Henri Martin, *loc. cit.*, t. VII. — *Chronique*, ann. 1451.

(3) V. le discours de M. le baron E. de Brezetz sur le Parlement de Bordeaux (1856), p. 10. — *Chronique*, ann. 1462 : « Audict an, le lendemain de la Saint-Martin, la Cour, de nouveau instituée audict Bourdeaus, selon les con-

ventions faictes avec le Roy Charles Septiesme, tint sa première séance, et fust le serment reçeu des Advocats et Procureurs à l'instar de Paris, et ordonné, suivant l'institution dudict Parlement, que les Seneschaucées de Bourdelois, Bazadois, Agenois, Condomois, les Lanes, Armaignac, Quercy, Lymosin, Périgord, Engomois, Xainctonge et La Rochelle, ressortiroient audict Parlement : — Toutesfois, depuis les Seneschaucées d'Armaignac, Engomois, La Rochelle et Quercy, si ce n'est ce qui est de deça la rivière du Lot, ont esté distraites. »

(4) *Chronique*, ann. 1464 : « Le Roy Louis confirme aux habitans de Bourdeaus leurs anciens priviléges et libertez, les déclarant par exprès francs et immunes de toutes tailles, subsides et empruns. »

(5) L'intéressante porte *du Caillau* (appelée aujourd'hui porte du Caillou ou du Palais) fut cependant élevée aux dépens publics, en réjouissance de la bataille de Fornoue. (*Chron.*, ann. 1494.)

(6) Ces Coutumes ont été publiées, comme les anciennes, par les frères Lamothe, en 1768. — Elles ont été commentées par eux, après Ferron (1544), Automne (1621), et Dupin (1728). — Sous Louis XII, Mandot de Lamarthonie avait travaillé à la rédaction de ces Coutumes; — par l'ordre de François Ier, les trois-États de la Sénéchaussée de Guyenne s'assemblèrent le 7 février 1520. Le travail dura cinq mois; — on commença à en lire le résultat le 23 juillet 1521; — mais on n'y mit la dernière main qu'en 1527. — (V., en tête des Coütumes, le *procez-verbal* de rédaction par François de Belcier, et les Lettres patentes du Roi François Ier portant commission à son premier Président au Parlement de Bordeaux, *in* Lamothe, I, p. 169 ct 178. — V. aussi, sur l'étendue de la Coutume, le § III de l'Avant-Propos, p. xxxv.)

Page 26.

(1) V. art. 79, 106, 107, 108, 109, 111 et 112.

(2) « *Si lo cas qui s'aben no se pot jugar segont Costuma, que no ny a punt d'aquet cas, deü hom recorre à las Costumas semblans; essi no ny a de samblans Costumas, deü hom recorre a rason naturau plus per-medana de la Costuma : essi aquestas causas defahlen, hom deü recorre a Dreyt escriü.* » (Art. 228.)

(3) Le *franc bourdelois* valait 24 sols bourd., autrement 15 sols tournois. La *livre* bourd., plus petite que le *franc*, ne valait que 20 sols bourdelois; autrement 12 sols et demi tournois (Vinet, *Arpenterie*, l. I, n° 33). — Le *sol bourdelois* valait 7 deniers tournois et une maille ou une obole, c'est-à-dire un demi-denier, suivant les chiffres qui ressortent du titre *des sergens de la ville*, aux anciens Statuts.

(4) Lamothe, I, 463, note 2.

(5) A moins, suivant Pierre Dupin (Comment., art. 76, n° 5) que le délinquant n'ait des biens immeubles, ou même certains meubles précieux et de grande valeur, lesquels, dans la Sénéchaussée de Bordeaux, étaient réputés immeubles. (Ferron, Comment.)

(6) L'art. 20 de la Coutume du Nivernois, rapporté dans le Comment. des frères Lamothe (p. 591), n'accordait, en matière criminelle, la partie-formée que dans trois cas : 1° pour injure réelle, où il y avait grande effusion de sang, ou énorme mâchure ; — 2° pour cas de crime qui requerrait détention ; — et 3° en cas de furt où le larron se trouvait saisi.

PAGE 27.

(1) Si cependant le crime était « si grand qu'il dût être puni corporellement, et non de peine pécuniaire, le criminel restait en prison quoiqu'il offrît caution, et dès que les deux parties avaient ainsi donné caution respective, le devoir de la partie formelle était de faire promptement informer du délit. » (Laurière, Gloss. de Ragueau, v° *partie*.)

(2) Le principe porté dans l'Ordonnance de 1670, qu'il fallait toujours un décret du Juge pour emprisonner en fait de crime, et que ce décret ne pouvait être rendu qu'après information préalable, souffrait cependant exception en quelques cas particuliers. (Ord., 1, des Décrets, art. 5, 6 et 8.)

(3) « Nous pensons néanmoins, disent les frères Lamothe (I, p. 592), qu'il y a tel cas pressant par le danger de l'évasion du coupable où l'on excuserait l'emprisonnement fait d'autorité privée, si, comme autrefois, l'accusateur prenait la précaution de se remettre lui-même en prison, etc.... »

(4) Quand cette réunion a-t-elle eu lieu ? Les frères Lamothe l'ignorent, et se bornent à indiquer qu'elle « était déjà faite lorsque Delurbe composait ses chroniques, » c'est-à-dire vers 1600. (Cout., I, p. xxi, note 20.) — C'est dans la première moitié du XVIe siècle que la charge du Prévôt de l'Ombrière a dû disparaître. — On voit dans les registres secrets du Parlement (t. I, f° 109) des Lettres patentes du 10 juillet 1516, concernant la charge du Lieutenant : « ... la principalle charge d'un Lieutenant du Roy en une province consiste à deffendre et garder le pays des ennemis, et pour ce, que toutes céditions publiques..... » — On peut en conclure qu'à cette époque le Lieutenant du Roy (qui ne s'appelait pas encore Lieutenant-général) n'était qu'un fonctionnaire militaire et politique.

(5) D'Arnal, *Chronique*, f° 115 et suiv., *de l'ancien gouvernement de la ville de Bourdeaus*. En 1550, après la fameuse émeute de la gabelle, le Roy Henri II, en restituant aux Bordelais les franchises dont ils venaient d'encourir la déchéance, réduisit le corps de ville à un Maire, six Jurats, un Procureur et un

Clerc. Outre la Jurade, on convoquait jadis, dans toutes les affaires litigieuses, un conseil de 30 membres, et, dans les cas d'une extrême importance, un conseil de 300 notables. — Le conseil des 30 fut réduit à 24 membres, et celui des 300 à 100 membres seulement. — L'un et l'autre étaient beaucoup plus rarement appelés à donner leur avis. C'est également à cette époque (1550) que la charge de Prévôt fut supprimée. (*Nouveaux Statuts*, p. 6, *élection du Sous-Maire*.)

(6) « La plus part du temps il y avoit de la part du Roy un Conestable à Bourdeaus qui conduisoit les barons et autres gens-d'armes quand il falloit marcher en campagne, et le Maire ou son lieutenant (appelé Soubs-Maire) conduisoit les bourgeois et enfans de la ville; comme fut pratiqué en l'an mille quatre cent seize, lorsque Barbezieux estant assiégé, ayant imploré le secours de Bourdeaus, le Soubs-Maire y mena les troupes de la ville promptement. » (*Chronique* de d'Arnal, fo 18, *verso*, *de la charge et office de Maire*.) — La charge de Sous-Maire disparut en même temps que celle de Prévost de Saint-Eloi, « étant toutes ces dignités supprimées et incorporées au corps desdits Maire et Jurats. » (*Nouv. Statuts*, *loc. cit.*)

(7) Outre le Lieutenant du Roy dont nous avons déjà parlé, il y avait le Prévôt des maréchaux qui connaissait des causes concernant les gens de guerre. Nous avons trouvé aux archives de la ville (Collect. de Juridiction, no 6081) des Lettres patentes du 14 janvier 1455 par lesquelles le Roi maintenait le Sénéchal de Guyenne, le Maire et Sous-Maire de Bordeaux et leurs lieutenants, chacun dans la juridiction et connaissance des causes de sa compétence, contre les entreprises du Prévôt des maréchaux qui prétendait usurper leurs juridictions, « *quoique sa charge fût bornée à connaître des causes qui regardaient les gens de guerre.* »

(8) V. Lettres patentes de 1474, touchant le ressort du Parlement. (Reg. secr., I, fo 22 et suiv.) — V. d'autres Lettres postérieures à cette date. (*id.*, fo 62, *recto*.) — V., sur la compétence de la Cour, des Lettres du 13 septembre 1483, où il est dit qu'elle avait été instituée « pour discuter et connoistre, juger et déterminer en souverain et dernier ressort, de tous débats, questions, matières et procez de nostre pays de Guyenne et autres pays, Baillages et Sénéchaussées ressortissants en icelle Cour. »

PAGE 28.

(1) Les poissonniers « doivent servir Messieurs du Parlement des premiers. » (*Chronique* de d'Arnal, fo 22.) — D'ailleurs il fallait que le Parlement tînt énormément non seulement à manger le poisson frais, mais à en manger souvent, car il rendit, en 1578, un arrêt pour décider que la plus belle *darne* (ou *derne*, tranche) de saumon ne serait vendue que quatre sous.

(2) Quelques années avant l'institution de la Tournelle, la juridiction criminelle

avait déjà été octroyée au Parlement. On en trouve la preuve dans des Lettres patentes du 22 avril 1515 (insérées aux Reg. secr., I, f° 108), portant, par le Roy, « que les procez crimineux quy seront et surviendront en la Cour de Parlement de Bourdeaux, soient et seront dorenavan jugés, décidés et déterminés en la grand'chambre par sept de nos amés et féaux Conseillers et Président en icelle, sans que soit besoin y appeler aucun de nos autres Conseillers de la chambre des Enquettes. ». — Nous croyons utile de donner ici, en extrait, la teneur des Lettres patentes par lesquelles François Ier établit la Tournelle : — « Françoys, par la grâce de Dieu, roy de France, à tous présants et à venir, salut. Comme par cidevant l'on nous a plusieurs fois remontré que pour le bien de justice et abbréviation et auclusion des procez d'entre nos subjects, quy sont pandants en nostre Cour de Parlement de Bourdeaus..... il est nécessaire créer jusques au nombre de huit Conseillers et un Président, outre le nombre ordinaire quy est estably en la Cour..... afin qu'on puisse faire en icelle Cour une chambre..... quy soit pour vacquer et entendre à vuider ordinairement les procez criminels quy sont en ladite Cour, et que pour cella les autres chambres de nostre Cour ne demeurent dégarnies, etc.... — Donné à Saint-Germain-en-Laye, au mois de may, l'an de grâce 1519. » — On peut voir encore (loc. cit., f° 116) des Lettres du 26 aoust 1519, concernant la creüe des officiers pour la chambre criminelle, et d'autres Lettres du 29 aoust concernant les gages des officiers de creüe. — Mais le document le plus important sur la Tournelle est l'arrêt du 14 novembre 1519 (f° 117 et 118), touchant la compétence de cette chambre et la procédure qui devait y être suivie : — « A esté mis en délibération pour sçavoir quel ordre sera mis en la chambre criminelle de nouveau par le Roy créée et érigée, et quelles matières de procez y seront expédiées, et en quel lieu ladite chambre besoignera et quel nombre l'on prendra tant de la grand'chambre que de la chambre des Enquettes pour faire ladite chambre criminelle, et a esté opiné de la manière que s'ensuit..... Que toutes matières criminelles et procez criminels se traiteront, expédieront et décideront en la chambre criminelle, excepté la lecture des rémissions et prononciations des arrêts quy se feront en la grand'chambre en l'audience publique, amendes honorables et autres grandes matières, quy seront traictées en la grand'chambre... A été aussi arresté que quand les procez criminels seront expédiés....., les Conseillers estant en la criminelle pourront procéder à la vuidange des procez civils. » — Il semble que tout conflit aurait dû désormais être impossible, et pourtant des Lettres patentes, conservées aux archives de la ville, où nous en avons pris copie (Collect. de Juridict., n° 9051), et délivrées les 21 novembre et 7 décembre 1542, par François Ier, en interprétation de l'art. 163 de l'Ordonnance du mois d'aoust 1539, « ordonnent que les appellations interjetées des juges ordinaires de toutes sentences et jugements de tortures et autres afflictions de corps, comme les sentences de mort, fustigation, mutilation de membres, bannissement perpétuel ou à temps, condamnation à œuvres ou services publics, amendes honorables à justice seulement, ressortiront immédiatement au Parlement; que les prisonniers et leurs procez y seront incontinent envoyés pour y estre promptement jugés et déterminés; et quant aux autres appellations interlocutoires et définitives procédant des matières criminelles qui ne seront de la qualité susdite, ordonne, Sa Majesté, qu'elles seront jugées pardevant les juges ordinaires, ressortiront au Parlement, et de là, par appel, au Conseil. » — Il paraîtrait que ces Lettres mirent fin à toutes difficultés, et que la Jurade se tint pour battue.

Je saisis cette occasion de remercier cordialement MM. Calixte Dupont, conservateur de la Bibliothèque, et Detcheyerry, archiviste de la ville, de l'extrême obligeance avec laquelle ils ont mis à ma disposition les précieux manuscrits confiés à leur intelligente sollicitude.

(3) Au commencement du XIVᵉ siècle (dit la *Chronique*, ann. 1328), « il y avoit telle intelligence et communication de volontez entre le clergé et le peuple, que les jours de Jurade il estoit loisible aux députez des chapitres Saint-André et Saint-Seurin assister à ladicte Jurade ; comme de mesmes ez jours des chapitres desdictes églises, lesdicts Jurats avoient entrée et séance en iceux, afin que les affaires de ladicte ville se maniassent d'un commun consentement. » — Une telle confusion entre les compagnies devait amener bientôt de nombreux conflits entre les juridictions. — La querelle du chapitre Saint-Seurin et de la Jurade dura cinq siècles ; — la juridiction du Prévôt de l'Ombrière fut plus d'une fois méconnue par le Maire (voir notamment, sur la contestation de 1312, les Lettres patentes d'Edouard Iᵉʳ du 18 juin 1314, conservées aux archives de la ville. Collect. de Jurid., nº 6051). — Le Juge de Gascogne, qui, depuis 1401 jusqu'à la conquête, présida une Cour supérieure établie par le Roi d'Angleterre, essaya lui-même de graves empiétements sur les attributions de la Jurade ; des Lettres patentes adressées, le 24 mars 1457, au Sénéchal de Guyenne par le Roy Charles portent injonction à cet officier « de faire inhibition et défense de par le Roy au Juge de Gascogne de connaître en première instance des causes des habitants de Bordeaux, et de rien entreprendre sur la juridiction des Maire et Jurats. » (Collect. de Jurid. — Arch. de la ville.) — Au XVᵉ siècle, nous avons déjà vu le Parlement sortir vainqueur de la lutte (L. pat. de 1483). — Au XVIᵉ siècle, sa prépondérance est telle qu'il contestera à la Jurade même son pouvoir politique, et ses attributions de police au delà d'une certaine limite. — Il succombera dans ses prétentions, mais sa suprématie ne lui sera plus contestée. (Archiv. de la ville. — Collect. de Juridict. — V. arrêt du 20 juin 1572 ; — Mémoire et instructions pour le délégué de la ville du 30 oct. 1595 ; — L. pat. du 30 janv. 1597 rétablissant aux Maire et Jurats toute leur juridiction politique ; — arrêt du 22 février 1599 en matière de police, etc.....)

Page 29.

(1) Le château Tropeïte fut plus tard rebâti par Vauban, sous le nom de Château-Trompette. — Du château du Hâ, il ne reste plus que deux tours lourdes et épaisses qui, jadis, s'élevaient en « lieu palustre », et servent aujourd'hui d'annexes à la prison départementale. (*Chron.*, ann. 1454.)

(2) V., dans Bernadau (*Viogr.*, p. 111), l'histoire de l'*Abbaye des marchands*, confrérie qui tenait ses assises dans l'hôtellerie du Chapeau-Rouge (1582) ; — cette

hôtellerie, dès longtemps fameuse, subsista jusqu'en 1676. — Pour le receveur de l'aumône, V. Anc. et nouv. Statuts, p. 46.

(3) Fondé par le vénérable Vital Carles, en 1390, cet hôpital était ouvert à tous, « *perbu*, dit le titre de fondation, *que ne sian pas deüs truands.* » — Il ne renfermait, à l'origine, que vingt-six lits. (Bernadau, p. 231.) — De Brach, à propos de cet hôpital, a écrit, dans son *Hymne de Bourdeaux* (Poëmes, f° 81, verso), pour appeler sur les malheureux la sollicitude des Jurats, ces très-beaux vers, que gâte malheureusement une fin plus que prosaïque :

> « Et c'est à vous, Messieurs, qui tenés la Justice,
> A vous, Jurats, chargés du fait de la police,
> Qui, soubs un saint désir poussant vos volontés,
> Devés faire pourvoir à leurs nécessités,
> Affin que sur le seuil de vos portes fermées
> Vous n'oyés plus le cry des bouches affamées :
> Ce que vous pouvez faire assez facilement
> Si vous les policés par un saint règlement. »

(4) Ils datent de la première moitié du XVIᵉ siècle.

(5) V. Arrêt du Parlement du 15 février 1561. — En avril 1565, à l'entrée solennelle de Charles IX, parmi les magnificences du cortège, on remarqua un fort beau Neptune qui dit, en latin, au Roy, des choses très-poétiques, et le roi de la Bazoche, élu pour la circonstance, et monté sur un beau cheval, ainsi que plusieurs de ses suppôts. (Beaurein, *Var. bord.*, et *Chron.*, ann. 1565.) — Il existe à la Bibliothèque un manuscrit très-intéressant intitulé : « *Registre de la Bazoche.* »

(6) Anc. Cout., art. 211.

(7) *Cout.*, t. 11, p. 413 : — *Formalités des duels ou combats judiciaires à Bordeaux.*

(8) Anc. Cout., art. 214 : « .... *Deü allegar rason sufficienta per que no; so es assaber qué la partida no aya bona causa, et sap son segret aquet de qui es pensionari, et l'a promés patrocini.* » — Je trouve qu'un poëte que j'ai déjà cité deux fois, et que je mets à un rang très-éminent parmi les poëtes de son siècle, a parlé un peu bien irrévérencieusement des avocats, quand il montrait le président Largebaton :

> Oyant les advocats, qui par l'art oratoire,
> Le droit par eux or bien ores mal adapté,
> De leurs causes souvent masquent la vérité.

(9) V. *Chronique* de d'Arnal, Gouvernement de Bourdeaus.

(10) « Et fust le serment reçeu des Advocats et Procureurs à l'instar de Paris. » (*Chron.*, ann. 1462.)

(11) On peut consulter, sur l'Histoire du Barreau en France, au XVI⁰ siècle, le § IV de l'Introduction de M. Oscar de Vallée, en tête de son livre sur Antoine Lemaistre et ses contemporains.

(12) Ampère : — *La littérature française au XVI⁰ siècle*, — *Revue des Deux-Mondes*, 1841, p. 253.

(13) Ampère. — Discours de 1834.

PAGE 30.

(1) « Au même moys et an (février 1571), il y a arrest donné par ladicte Cour (la Bourse des marchands), par lequel est ordonné que tous les nègres et mores qu'un marchant normand avoit conduit en ceste ville pour vendre, scroyent mis en liberté ; la France, mère de liberté, ne permet aucuns esclaves. » (Delurbe, *Chron.*)

(2) V. *Chron.*, ann. 1472.

(3) Le collège Saint-Raphaël fut fondé, en 1442, par le vertueux archevêque Pierre Berland. — Dans la seconde moitié du XVI⁰ siècle, en 1573, le collège des Jésuites fut institué dans le prieuré Saint-James par la libéralité du sieur de Baulon, conseiller en la Cour ; — le séminaire, fondé par l'archevêque Prévôt de Sansac, date de la même époque. — Au XVI⁰ siècle, le collège de Guyenne (Saint-Raphaël) comptait parmi ses professeurs André et Antoine Govéa, principal (1534) ; Jean Gelida, principal (1546) ; Briand de Vallée, conseiller en la Cour et professeur de théologie, homme de rare et exquis savoir (1539) ; Elie Vinet, le savant archéologue (1564 – 1586), Millanges, qui, après un long professorat, établit à Bordeaux une illustre imprimerie (1572) ; Buchanan, Scaliger, etc.

(4) V. *Chron.*, ann. 1411.